Franz von Assisi
Sonnengebete

Franz von Assisi

Sonnengebete

Gebete, Lieder und Weisungen
des Heiligen Franziskus

Herausgegeben und übersetzt
von Matthias Hackemann

ANACONDA

FSC www.fsc.org
MIX
Papier | Fördert gute Waldnutzung
FSC® C083411

Penguin Random House Verlagsgruppe FSC® N001967

Die Deutsche Nationalbibliothek verzeichnet diese Publikation in der Deutschen Nationalbibliografie; detaillierte bibliografische Daten sind im Internet unter http://dnb.d-nb.de abrufbar.

Umschlagmotiv: Giuseppe Pellizza da Volpedo, »The Sun«,
1904, Bridgeman Images; Wabenmuster shutterstock / missis
Umschlaggestaltung: www.katjaholst.de
Satz und Layout: InterMedia – Lemke e. K., Heiligenhaus
Druck und Bindung: CPI books GmbH, Leck
Printed in the EU
ISBN 978-3-7306-1238-5
www.anacondaverlag.de

INHALT

GEBETE UND LIEDER

LIED AN SCHWESTER SONNE
oder
LOBLIED AUF DIE SCHÖPFUNG

Höchster, allmächtiger, guter Herr,
Lob, Preis, Ehr und jeder Segen sind dein.

Sie stehen einzig, Höchster, dir zu
und niemand ist würdig, dich mit Namen zu nennen.

Sei gepriesen, mein Herr, mit deiner Schöpfung,
meiner Herrin, Schwester Sonne, besonders.
Sie ist der Tag und du erleuchtest uns durch sie.

Und schön und strahlend ist sie, herrlich ihr Glanz,
sie kündet uns, Höchster, dein Wesen.

Sei gepriesen, mein Herr, durch Bruder Mond
 und die Sterne,
am Himmel formtest du sie, strahlend und prächtig
 und schön.

Sei gepriesen, mein Herr, durch Bruder Wind,
durch Luft und Wolke, heiteren Himmel, jedes Wetter,
durch sie schenkst du deinen Geschöpfen ihren
 Unterhalt.

Sei gepriesen, mein Herr, durch Bruder Wasser,
so nützlich, bescheiden, kostbar und rein.
Sei gepriesen, mein Herr, durch Bruder Feuer,

durch den du die Nacht uns erhellst,
denn schön ist er und ergötzlich und kräftig und stark.

Sei gepriesen, mein Herr, durch unsere Schwester, Mutter
Erde,
die uns erhält und uns lenkt,
vielfältige Früchte hervorbringt mit bunten Blumen
und Kräutern.

Sei gepriesen, mein Herr, durch alle, die vergeben
aus deiner Liebe heraus
und Krankheit und Kummer ertragen.

Selig sind, die friedfertig dulden,
denn sie werden, Höchster, gekrönt werden von dir.

Sei gepriesen, mein Herr, durch unseren Bruder,
den leiblichen Tod,
kein Mensch, der lebt, kann ihm entkommen.

Weh über jene, die in schwerer Sünde sterben:
Selig, die sich finden in deinem heiligsten Willen,
denn kein Leid wird ihnen bringen der zweite Tod.

Lobet und preiset meinen Herrn
und danket und dienet ihm in tiefer Demut.

LOB DES HÖCHSTEN GOTTES

Du bist der heilige Herr, der alleinige *Gott, der Wunder tut.*
Du bist der Starke, du bist der Große, du bist der Höchste.
Du bist der allmächtige König, der *heilige Vater*, der Herrscher über Himmel und Erde.
Du bist der dreifaltige Herr, der Gott unter den Götzen.
Du bist das Gute, alles Gute, das höchste Gute, der lebendige und wahre Herr und Gott.
Du bist die Liebe, du die Weisheit, du die Ergebenheit, du der Langmut.
Du bist die Sicherheit, du bist die Ruhe, du bist Hoffnung und Freude.
Du bist die Mäßigung und Gerechtigkeit, du bist all unsere Fülle bis zur Genüge.
Du bist unser Beschützer, du unser Wächter und Verteidiger; du bist unsere Stärke, du unsere Erquickung.
Du bist unsere Hoffnung, du unser Glaube; du bist die Liebe, du all unsere Wonne, du das ewige Leben:
Großer und wunderbarer Herr, allmächtiger Gott, barmherziger Heiland.

Dieser von Franziskus eigenhändig niedergeschriebene Text wird heute im Sacro Convento in Assisi aufbewahrt. Bruder Leo – ein treuer Gefährte des Heiligen – hat folgende Worte hinzugefügt:

Der selige Franziskus hielt zwei Jahre vor seinem Tod ein vierzigtägiges Fasten auf dem Berg La Verna, zu Ehren der seligen Jungfrau, der Gottesmutter, und des seligen Erzengels Michael: vom Fest der Himmelfahrt der heiligen Jungfrau Maria bis zum Fest des heiligen Michael im September.

Und die Hand des Herrn kam über ihn. Nach Schau und Anrede der Seraphim und nachdem er die Wundmale Christi an seinem Leib empfangen hatte, verfasste er die Lobgesänge auf der Rückseite dieses Blattes und schrieb sie eigenhändig nieder, als Danksagung an Gott für die ihm zuteil gewordene Gnade.

KREUZGEBET

Höchster, glorreicher Gott, erleuchte die Finsternis meines Herzens. Schenke mir den wahren Glauben und feste Hoffnung und vollende mich in der Liebe. Schenke mir Verstand und Einsicht, Herr, damit ich deine heilige und wahre Weisung erfülle.

HÖRT, ARME SCHWESTERN

Mahnlied für die Schwestern der Hl. Klara

Hört, Arme Schwestern, berufen vom Herrn,
aus vielen Gebieten und Ländern vereint:
Lebt euer Leben stets in der Wahrheit,
die ihr sterbt im Gehorsam.

Schaut nicht auf die Außenwelt,
denn besser ist geistiges Leben.
In großer Liebe bitte ich euch:
Seid sorgsam mit den Almosen, die der Herr euch gibt.

Krankheit bedrückt die einen,
Sorge um sie plagt die anderen.
Friedfertig duldet es, alle,

denn dieses Kreuz wird euch überaus teuer vergolten:
Im Himmel wird jede von euch zur Königin gekrönt
mit der Jungfrau Maria.

GRUSS AN DIE SELIGE JUNGFRAU MARIA

Gegrüßet seist du, Herrin, heilige Königin, heilige Gottesmutter Maria, Jungfrau, zur Kirche geworden und auserkoren vom heiligsten Vater im Himmel, geweiht durch seinen geliebten, heiligsten Sohn und den Heiligen Geist, Paraklet, in der alle Fülle der Gnaden und alles Gute war und ist.

Gegrüßet seist du, du sein Palast.

Gegrüßet seist du, du sein Schrein.

Gegrüßet seist du, du sein Haus.

Gegrüßet seist du, du sein Kleid.

Gegrüßet seist du, du seine Magd.

Gegrüßet seist du, du seine Mutter und all ihr heiligen Tugenden, die ihr durch die Gnade und Erleuchtung des Heiligen Geistes in die Herzen der Gläubigen eindringt, um Gott zuliebe Ungläubige glauben zu lassen.

AUFRUF ZUM LOB GOTTES

Fürchtet den Herrn und erweist ihm Ehre.
Der Herr ist würdig, Lob und Ehre zu empfangen.
Preiset den Herrn, alle, die ihr ihn fürchtet.
Ave Maria, voll der Gnade, der Herr ist mit dir.
Lobsingt ihm, Himmel und Erde.
All ihr Flüsse, preiset den Herrn.
Preiset, ihr Söhne Gottes, den Herrn.
Dies ist der Tag, den der Herr gemacht hat, wir wollen jubeln und uns an ihm freuen.
Alleluia, alleluia, alleluia! König Israel!
Jede Seele lobe den Herrn.
Lobet den Herrn, denn er ist gut.
Preiset den Herrn, alle, die ihr dies lest.
All ihr Geschöpfe, preiset den Herrn.
All ihr Vögel des Himmels, lobet den Herrn.
All ihr Kinder, lobet den Herrn.
Ihr jungen Männer und Frauen, lobet den Herrn.
Würdig ist das Lamm, das geschlachtet wurde, Lob, Ruhm und Ehre zu empfangen.
Gepriesen sei die heilige Dreifaltigkeit und unteilbare Einigkeit.
Heiliger Erzengel Michael, schirme uns in der Schlacht.

GRUSS AN DIE TUGENDEN

Gegrüßet seist du, Königin Weisheit, die Gnade des Herrn sei mit dir und deiner Schwester, der heiligen reinen Schlichtheit.
Heilige Herrin Armut, die Gnade des Herrn sei mit dir und deiner Schwester, der heiligen Demut.
Heilige Herrin Liebe, die Gnade des Herrn sei mit dir und deiner Schwester, der heiligen Gehorsamkeit.
Heiligste Tugenden, mit euch allen sei die Gnade des Herrn, von dem ihr stammt und ausgeht.

Kein Mensch auf der ganzen Welt könnte eine einzige von euch besitzen, ohne dass er zuvor stirbt.
Wer eine einzige besitzt und die anderen nicht verstößt, der besitzt sie alle.
Und wer gegen eine einzige verstößt, besitzt keine einzige und verfehlt sich gegen alle.
Und jede einzelne vernichtet Laster und Sünden.

Die Heilige Weisheit vernichtet den Satan und all seine Schlechtigkeit.
Die heilige reine Schlichtheit vernichtet alle Weisheit dieser Welt und die Weisheit des Leibes.
Die heilige Armut vernichtet das Verlangen, die Habgier und die Sorgen dieser Welt.
Die heilige Demut vernichtet den Hochmut und alle Menschen dieser Welt, desgleichen auch alles, was in der Welt ist.
Die heilige Liebe vernichtet die Versuchungen des Teufels und des Leibes und alle fleischlichen Ängste.

Die heilige Gehorsamkeit vernichtet alle körperlichen und fleischlichen Begierden und sie hat den eigenen Leib abgetötet, um dem Geist gehorsam zu sein und um dem Bruder gehorsam zu sein, und sie ist allen Menschen in dieser Welt unterworfen und Untertan, und nicht nur den Menschen allein, sondern auch allen Bestien und Raubtieren, auf dass sie mit ihm tun können, was sie nur wollen, *soweit es ihnen vom Herrn von oben gegeben ist.*

DARLEGUNGEN ZUM VATERUNSER

O heiligster *Vater unser:* unser Schöpfer, Erlöser, Tröster und Retter.

Der du bist im Himmel: bei den Engeln und bei den Heiligen, der du sie zur Erkenntnis erleuchtest, denn du, Herr, bist das Licht. Der du sie zur Liebe entzündest, denn du, Herr, bist die Liebe. Der du ihnen innewohnst und sie zur Seligkeit erfüllst, denn du, Herr, bist das höchste Gute, ewige Gute, von dem alles Gute stammt, ohne den nichts Gutes besteht.

Geheiligt werde dein Name: Erleuchtet werde in uns die Vorstellung von dir, damit wir die Größe deiner Gnade, die Weite deiner Verheißungen, die Hoheit deiner Majestät und deiner Ratschlüsse Tiefe erkennen.

Dein Reich komme: Herrsche in uns durch deine Gnade und lass uns in dein Reich gelangen, wo die Schau deines Wesens offenbar, die Liebe zu dir vollkommen, die Gemeinschaft mit dir selig und die Labsal an dir ewig ist.

Dein Wille geschehe, wie im Himmel, so auf Erden: dass wir dich *mit ganzem Herzen lieben*, dich immer bedenken, dich immer aus ganzer Seele ersehnen, mit allem Verstand sämtliche Gedanken auf dich lenken, in allem deine Ehre suchen und mit all unserer Kraft all unsere Kraft und die Sinne der Seele und des Leibes auf die Ergebenheit deiner Liebe und nichts anderes richten; und dass wir unsere Nächsten lieben wie uns selbst, um nach Kräften alle zu deiner Liebe zu leiten, indem wir uns über die Güter anderer so wie über unsere eigenen freuen, bei einem Unglück mitleiden und *niemandem den geringsten Anstoß geben.*

Unser tägliches Brot: deinen geliebten Sohn, unseren Herrn Jesus Christus, *gib uns heute:* in Gedenken, Kenntnis und Verehrung der Liebe, die er für uns hatte, und all dessen, was er für uns sagte, wirkte und litt.

Und vergib uns unsere Schuld: durch deine unaussprechliche Barmherzigkeit, durch dein Wirken im Leiden deines geliebten Sohnes und durch die verdienstvollen Taten und die Fürbitte der seligsten Jungfrau sowie aller, die von dir erwählt sind.

Wie auch wir vergeben unseren Schuldigern: Und was wir nicht vollständig vergeben können, lass, Herr, du uns vollständig vergeben, damit wir unsere Feinde um deinetwillen in Wahrheit lieben und demütig bei dir für sie bitten, niemandem aber *Böses mit Bösem* vergelten und uns bei allem mühen, dir nützlich zu sein.

Und führe uns nicht in Versuchung: weder in verborgene noch in offenbare, weder in unerwartete noch in missliche.

Sondern befreie uns von Sünde und Schuld: von vergangener, gegenwärtiger und künftiger.

Ehre sei dem Vater und dem Sohn und dem Heiligen Geist. Wie im Anfang so auch jetzt und alle Zeit und in Ewigkeit. Amen.

Heilig, heilig, heilig. Herr, allmächtiger Gott, der ist und der war und der kommen wird. In Ewigkeit wollen wir ihm lobsingen und ihn preisen.

Würdig bist du, unser Herr und Gott, von uns Lob, Ruhm und Ehre und Preis zu empfangen: In Ewigkeit wollen wir ihm lobsingen und ihn preisen.

Würdig ist das Lamm, das geschlachtet wurde, Macht und Reichtum, Weisheit und Kraft, Ehre und Ruhm und Preis zu empfangen: In Ewigkeit wollen wir ihm lobsingen und ihn preisen.

Preisen wir den Vater und den Sohn in Gemeinschaft mit dem Heiligen Geist: In Ewigkeit wollen wir ihm lobsingen und ihn preisen.

Preiset den Herrn, all ihr Werke des Herrn: In Ewigkeit wollen wir ihm lobsingen und ihn preisen.

Lob sagt unserem Herrn, alle, die ihr ihm dient und den Herrn fürchtet, Kleine und Große: In Ewigkeit wollen wir ihm lobsingen und ihn preisen.

Himmel und Erde, lobsingt seiner Ehre: In Ewigkeit wollen wir ihm lobsingen und ihn preisen.

Und alle Geschöpfe im Himmel, auf der Erde, unter der Erde, im Meer und in der Welt: In Ewigkeit wollen wir ihm lobsingen und ihn preisen.

Ehre sei dem Vater und dem Sohn und dem Heiligen Geist: In Ewigkeit wollen wir ihm lobsingen und ihn preisen.

Wie im Anfang so auch jetzt und alle Zeit und in Ewigkeit. Amen. In Ewigkeit wollen wir ihm lobsingen und ihn preisen:

Gebet

Allmächtiger, heiligster, höchster und oberster Gott, jedes Gute, höchstes Gute, alles Gute, der allein du gut bist, dir darbringen wollen wir alles Lob, allen Ruhm, allen Dank, alle Ehre, allen Preis und alles, was gut ist. So sei es. So sei es. Amen.

OFFIZIUM VOM LEIDEN DES HERRN

(in Auszügen)

Es folgen die Psalme, die unser seligster Bruder Franziskus zu Verehrung, Gedenken und Preis des Leidens unseres Herrn festgelegt hat. Diese sind zu allen Horen des Tages sowie der Nacht zu sprechen. Sie beginnen mit der Komplet des sechsten Tages der Woche, des Freitags, denn in dieser Nacht ist unser Herr Jesus Christus verraten und gefangen genommen worden.

Merke dir, dass der selige Franziskus dieses Offizium folgendermaßen sprach: Zunächst sagte er das Gebet, das uns unser Herr und Meister gelehrt hat: »Unser heiligster Vater« etc. mit den Lobversen, nämlich: »Heilig, heilig, heilig«, so wie sie oben aufgeführt sind. Nach Abschluss der Lobverse und des Gebets begann er folgende Antiphon: »Heilige Maria«. Zunächst sprach er Psalme über die heilige Maria; danach andere Psalme, die er ausgewählt hatte, und zum Abschluss aller von ihm gesprochenen Psalme die Passionspsalme. Im Anschluss daran sprach er als Antiphon: »Heilige Jungfrau Maria«. Nach dem Ende dieser Antiphon war das Offizium vollendet.

FÜR DIE OSTERZEIT

Zum Morgengebet am Sonntag der Auferstehung

ANTIPHON: HEILIGE JUNGFRAU MARIA

Singt dem Herrn ein neues Lied, denn er hat wunderbare Taten vollbracht.
Er hat seinen geliebten Sohn, seine Rechte und seinen heiligen Arm hingegeben.
Der Herr hat sein Heil bekannt gemacht und sein gerechtes Wirken vor den Augen der Völker enthüllt.
An jenem Tag schenkte der Herr seine Huld und in der Nacht sein Lied.
Dies ist der Tag, den der Herr gemacht hat, wir wollen jubeln und uns an ihm freuen.
Gesegnet, der da kommt im Namen des Herrn, Gott, der Herr, er hat uns erleuchtet.
Der Himmel freue sich, die Erde frohlocke, es walle das Meer auf und all sein Reichtum, es jauchzen die Felder und alles, was auf ihnen wächst.
Bringt dar dem Herrn, ihr Stämme der Völker, bringt dar dem Herrn Lob und Ehre, bringt dar dem Herrn das Lob seines Namens.

Zur Komplet

ANTIPHON: HEILIGE JUNGFRAU MARIA

Wie lange noch, Herr, vergisst du mich ganz? Wie lange noch wendest du dein Antlitz ab von mir?
Wie lange soll ich in meiner Seele Ratschlüsse hegen, Schmerz in meinem Herzen jeden Tag?
Wie lange noch wird mein Feind über mich erhoben? Sieh auf mich und erhöre mich, Herr, mein Gott.
Erleuchte meine Augen, dass ich niemals im Tod entschlafe, dass niemals mein Feind sage: Ich habe ihn bezwungen.
Die, die mich bedrängen, werden frohlocken, wenn ich geschlagen bin, ich aber habe auf deine Huld gebaut.
Mein Herz soll über deine Hilfe frohlocken; singen will ich dem Herrn, weil er mir Gutes getan hat, und Psalme will ich dem Namen des höchsten Gottes singen.

AM TAG DER GEBURT DES HERRN

Zum Abendgebet

ANTIPHON: HEILIGE JUNGFRAU MARIA

Jubelt zu Gott, unserer Zuflucht, jauchzt dem Herrn, dem lebendigen und wahren Gott mit frohlockender Stimme.
Denn furchtgebietend ist der Herr, der Höchste, der große König über die ganze Erde.
Denn der heiligste Vater im Himmel, unser König schon vor der Zeit, sandte seinen geliebten Sohn aus der Höhe. Und er wurde geboren von der seligen Jungfrau, der heiligen Maria.
Er hat zu mir gerufen: Mein Vater bist du. Und ich mache ihn zum erstgeborenen Sohn, erhoben über die Könige der Erde.
An jenem Tag schenkte der Herr seine Huld und in der Nacht sein Lied.
Dies ist der Tag, den der Herr gemacht hat, wir wollen jubeln und uns an ihm freuen.
Denn sein heiligstes, geliebtes Kind ist uns geschenkt und uns auf der Straße geboren und in die Krippe gelegt, denn in der Herberge gab es keinen Platz.
Ehre sei Gott in der Höhe, unserem Herrn, und Friede den Menschen seiner Gnade auf Erden.
Der Himmel freue sich, die Erde frohlocke, es walle das Meer auf und all sein Reichtum, es jauchzen die Felder und alles, was auf ihnen wächst.
Singt dem Herrn ein neues Lied, singt ihm, alle Länder.

Denn groß ist der Herr und hoch zu preisen, furchtbar ist er über alle Götzen.

Bringt dar dem Herrn, ihr Stämme der Völker, bringt dar dem Herrn Lob und Ehre, bringt dar dem Herrn das Lob seines Namens.

Erhebt eure Körper und tragt sein heiliges Kreuz, und folgt seinen heiligsten Weisungen bis ans Ende.

SEGEN FÜR BRUDER LEO

Der Herr segne dich und behüte dich, er lasse sein Angesicht über dich leuchten und sei dir gnädig. Er wende dir sein Angesicht zu und schenke dir Frieden.

Der Herr, Bruder Leo, segne dich. ת

Diesen Segen hat Franziskus auf der Rückseite des Blattes notiert, auf dem sich das »Lob des höchsten Gottes« findet. Auch hier hat Bruder Leo eine Erklärung hinzugefügt:

Der selige Franziskus schrieb eigenhändig diesen Segen für mich, Bruder Leo.

Desgleichen machte er dieses Zeichen Thau mit seinem Finger.

BRIEFE UND WEISUNGEN

BRIEF AN BRUDER LEO

Bruder Leo, dein Bruder Franziskus sendet dir Segen und Frieden. Das Folgende sage ich dir wie eine Mutter, mein Sohn, indem ich alle Worte, die wir auf dem Weg gesprochen haben, in diesem Wort zu einem kurzen Rat bündele – auch wenn du danach wegen eines Rates zu mir kommen musst. Folgendes rate ich dir also:

Auf welche Weise es dir auch immer am besten scheint, dem Herrn, unserem Gott, wohlgefällig zu sein und seiner Fußspur und seiner Armut zu folgen, sollt ihr es mit dem Segen Gottes, unseres Herrn, und im Gehorsam mir gegenüber tun. Und wenn du um deiner Seele oder irgendeines Trostes willen zu mir kommen willst, Leo, dann komm.

BRIEF AN DIE GLÄUBIGEN

Im Namen des Herrn, des Vaters und des Sohnes und des Heiligen Geistes. Amen.

Allen gläubigen Christen, Geistlichen wie Laien, Männern wie Frauen, allen, die in der ganzen Welt leben, sendet Bruder Franziskus, ihr Knecht und Untergebener, in ehrerbietiger Hingabe den wahren Frieden des Himmels und seine aufrichtige Liebe im Herrn.

Als euer aller Knecht bin ich gehalten, allen zu dienen und die duftenden Worte meines Herrn darzubringen. Da ich mir aber bewusst bin, dass ich aufgrund meiner körperlichen Krankheit und Schwäche nicht persönlich jeden einzelnen besuchen kann, habe ich mir vorgenommen, euch durch Boten mit dem vorliegenden Brief die Worte unseres Herrn Jesus Christus, der das Wort des Vaters ist, und die Worte des Heiligen Geistes, die *Geist und Leben* sind, zu überbringen.

Dieses Wort des Vaters, so würdig, so heilig und glorreich, hat der höchste Vater durch seinen heiligen Engel Gabriel vom Himmel herab in den Mutterleib der heiligen glorreichen Jungfrau Maria verkündet, in deren Mutterleib es das wahre Fleisch unserer Menschlichkeit und Hinfälligkeit empfing. Er selbst, *der reich war* über alle Maßen, wollte in der Welt durch die seligste Jungfrau, seine Mutter, die Armut wählen. Und kurz vor seinem Leiden feierte er das Paschamahl mit seinen Jüngern. Und als er das Brot nahm, dankte er, segnete es und brach es mit den Worten: *Nehmt und esst, das ist mein Leib. Und er nahm den Kelch und sagte: Das ist mein Blut des neuen Bundes, das für euch und für viele vergossen wird zur Vergebung der Sünden.* Daraufhin betete er zum Vater und sagte: *Vater, wenn es möglich ist, gehe dieser Kelch an mir vorüber.* Und *sein Schweiß war wie Blut, das auf die Erde tropfte.* Dennoch legte er seinen Willen in den Willen des Vaters und sprach: *Vater, dein Wille geschehe; nicht wie ich will, sondern wie du willst.* Der Wille seines Vaters war, dass sein gesegneter und glorreicher Sohn, den er uns gegeben hat und der für uns geboren ist, sich selbst durch sein eigenes Blut als Opfer und Opfertier am Altar des Kreuzes darbot; nicht um seinetwillen, durch den alles geworden ist, sondern um unserer Sünden willen, indem er uns ein Beispiel gab, damit wir seinen Spuren folgen. Und er will, dass wir alle durch ihn gerettet werden und wir alle ihn mit lauterem Herzen und reinem Körper in uns aufnehmen.

Aber es sind wenige, die ihn aufnehmen und durch ihn gerettet sein wollen, *wenn auch sein Joch nicht drückt und seine Last leicht ist.* Die, die nicht *kosten wollen, wie gut der Herr ist,* und *die Finsternis mehr als das Licht* lieben, weil sie die Gebote Gottes nicht erfüllen wollen, sind verflucht. Über sie heißt es durch den Propheten: *Verflucht sei, wer abirrt von deinen Geboten.* Aber, o wie selig und gesegnet sind sie, die den Herrn lieben und das tun, was der Herr selbst im Evangelium sagt: *Du sollst den Herrn, deinen Gott, lieben mit ganzem Herzen, mit ganzer Seele, und deinen Nächsten so wie dich selbst.*

So wollen wir den Herrn lieben und ihn mit lauterem Herzen und reiner Seele anbeten, da er selbst dies mehr als alles andere wünschte und gesagt hat: *Die wahren Beter werden den Vater anbeten im Geist und in der Wahrheit.* Denn alle, die ihn anbeten, sollen ihn im Geist der Wahrheit anbeten. Und wir wollen ihn Tag und Nacht preisen und anbeten, indem wir sagen: *Vater unser im*

Himmel. Denn wir *sollen allezeit beten und darin nicht nachlassen.*

Wir müssen aber all unsere Sünden einem Priester beichten; und von ihm sollen wir den Leib und das Blut unseres Herrn Jesus Christus empfangen. Wer dieses Fleisch nicht isst und dieses Blut nicht trinkt, *kann nicht in Gottes Reich kommen.* Er muss es aber würdig essen und trinken, denn wer es unwürdig empfängt, isst und trinkt, zieht sich den Richterspruch zu. Denn er erkennt nicht, dass dies der Leib des Herrn ist, das heißt, er sieht den Unterschied nicht.

Bringt darüber hinaus Früchte hervor, die eure Umkehr zeigen. Und *lieben wir unsere Nächsten so wie uns selbst.* Und wenn jemand sie nicht so lieben will wie sich selbst, soll er ihnen wenigstens nichts Schlechtes zufügen, sondern ihnen Gutes tun.

Die aber, die die Macht empfangen haben, über andere zu richten, sollen ihr Amt mit Barmherzigkeit ausüben, so wie sie ihrerseits beim Herrn Barmherzigkeit finden wollen. *Denn das Gericht wird erbarmungslos sein gegen den, der kein Erbarmen gezeigt hat.* Lasst uns also liebevoll und demütig sein. Und lasst uns Almosen geben, denn das wäscht die Seelen rein vom Schmutz der Sünde. Die Menschen verlieren nämlich alles, was sie in dieser Welt zurücklassen, doch den Lohn für ihre Liebe nehmen sie mit sich, und auch die gewährten Almosen, für die sie beim Herrn Lob und würdige Vergeltung empfangen werden.

Wir müssen auch fasten und uns von Laster und Sünde sowie von Überfluss an Speise und Trank frei machen und katholisch sein. Wir müssen auch oft die Kirche besuchen und die Geistlichen verehren und hochachten, nicht nur ihretwegen, falls sie auch einmal Sünder sind, sondern wegen ihres Amtes und Dienstes am heiligsten Leib und Blut Christi, das sie auf dem Altar opfern und empfangen und den anderen darbieten. Und wir müssen alle fest wissen, dass niemand gerettet werden kann, außer durch die heiligen Worte und das Blut unseres Herrn Jesus Christus, gesprochen, verkündet und vollzogen durch die Geistlichen. Und sie allein dürfen dies vollziehen und niemand sonst. Besonders sind aber die Mönche, die der Welt entsagt haben, gehalten, noch mehr und Größeres zu tun, ohne das andere zu unterlassen.

Wir müssen Abscheu gegen unsere Leiber mit ihren Lastern und Sünden hegen, denn der Herr sagt im Evangelium: Alle Übel, Laster und Sünden *kommen aus dem Herzen*. Wir müssen *unsere Feinde lieben und denen Gutes tun, die Hass gegen uns hegen*. Wir müssen die Lehre und den Ratschlag unseres Herrn Jesus Christus beachten. Wir müssen auch uns selbst verleugnen und unseren Leibern das Joch der Knechtschaft und des heiligen Gehorsams auferlegen, so wie es ein jeder dem Herrn gelobt hat. Aber kein Mensch darf sich gebunden fühlen, jemandem gehorsam zu sein, wo man Schuld oder Sünde begeht.

Wem aber der Gehorsam geschuldet ist und wer als *der Größere gilt, der soll werden wie der Diener* und der Knecht der anderen Brüder. Und er soll gegenüber seinen einzelnen Brüdern Barmherzigkeit empfinden und walten lassen, wie er selber sie erfahren wollte, wenn er in der gleichen Lage wäre. Und bei einem Vergehen eines Bruders soll er gegenüber diesem Bruder nicht zornig werden, sondern ihn mit aller Geduld und Demut gütig ermahnen und ihn ertragen.

Wir dürfen nicht nach dem Fleisch weise und klug, sondern müssen vielmehr schlicht, demütig und rein sein. Und lasst uns unsere Körper der Schande und Verachtung preisgeben, denn durch unsere Schuld sind wir allesamt elend, faul, stinkend und Würmer, so wie der Herr durch den Propheten sagt: *Ich aber bin ein Wurm und kein Mensch, der Spott der Leute und vom Volk verachtet.* Niemals dürfen wir begehren, über anderen zu stehen, sondern müssen vielmehr *jedem menschlichen Wesen Knecht und Untertan sein, um des Herrn willen.* Und auf allen Männern und Frauen, sofern sie dies getan haben und dabei bis zum Ende geblieben sind, *lässt der Geist des Herrn sich nieder* und er wird bei ihnen einkehren und wohnen. Und sie werden Kinder des himmlischen Vaters sein, dessen Werke sie tun. Und sie sind Verlobte, Brüder und Mütter unseres Herrn Jesus Christus. Verlobt sind wir mit ihm, wenn die gläubige Seele durch den Heiligen Geist mit Jesus Christus verbunden ist. Brüder sind wir, wenn wir den Willen seines Vaters, der im Himmel ist, tun. Mütter, wenn wir ihn in unserem Herzen und Körper tragen, durch die Liebe und durch ein reines, aufrichtiges Gewissen: Wir gebären ihn durch heiliges Handeln, das vor den anderen in unserem Vorbild leuchten muss.

O wie herrlich und heilig und groß, den Vater im Himmel zu haben! O wie heilig und tröstend, schön und wunderbar, einen Verlobten zu haben! O wie heilig und lieb, wohlgefällig und hingebungsvoll, friedfertig und süß, bezaubernd und über alles zu ersehnen, einen solchen Bruder und Sohn zu haben, der sein Leben für seine Schafe geopfert und für uns mit den Worten zum Vater gebetet hat: *»Heiliger Vater, bewahre sie in deinem Namen, den du mir* *gegeben hast.* Vater, alle, die du mir aus der Welt gegeben hast, *gehörten dir und du hast sie mir gegeben.* Und *die Worte, die du mir gegeben hast, gab ich ihnen; und sie haben sie angenommen und wirklich erkannt, dass ich von dir ausgegangen bin, und sie sind zu dem Glauben gekommen, dass du mich gesandt hast. Ich bitte für sie und nicht für die Welt:* Segne und *heilige sie. Und ich heilige mich für sie, damit sie in eins geheiligt sind, so wie wir* es sind. Und es ist mein Wille, Vater, dass dort, *wo ich bin, auch sie bei mir sind, damit sie meine Herrlichkeit sehen in deinem Reich.*«

Für ihn aber, der so vieles für uns erduldete, so viel Gutes brachte und künftig bringen wird, soll jedes Geschöpf im Himmel, auf Erden, im Meer und den unermesslichen Tiefen Gott Lob, Ruhm, Ehre und Preis darbringen. Denn er ist unsere Kraft und Stärke, er allein ist das Gute, er allein der Höchste, er allein allmächtig, anbetungswürdig, glorreich und allein heilig, preisenswert und gesegnet in alle Ewigkeit. Amen.

Aber alle, die keine Buße tun und den Leib und das Blut unseres Herrn Jesus Christus nicht empfangen, die in Laster und Sünde verstrickt sind, die üblen Begierden und üblen Verlangen nachgehen, die ihre Gelübde nicht einhalten, die sich der Welt samt ihren fleischlichen Begierden und Mühen, samt den Unruhen dieser Zeit und den Sorgen dieses Lebens mit ihrem Körper unterwerfen – weil der Teufel sie täuscht, dessen Kinder sie sind und dessen Werke sie tun –, sind blind. Denn sie sehen nicht das wahre Licht, unseren Herrn Jesus Christus. Sie besitzen nicht die Weisheit des Geistes, denn sie haben den Sohn Gottes nicht in sich, der die wahre Weisheit des Vaters ist. Über sie heißt es: *Sie waren am Ende mit all ihrer Weisheit.*

Sie sehen, erkennen, wissen und tun Schlechtes. Und in ihrem Wissen vertun sie ihre Seelen. Euch Blinde täuschen unsere Feinde, nämlich das Fleisch, die Welt und der Teufel; seht, es ist für den Körper süß, Sünden zu begehen, aber bitter, Gott zu dienen. Denn alles Schlechte, Laster und Sünden, entstammt dem Herz der Menschen und geht aus ihm hervor, so wie der Herr im Evangelium sagt. Und ihr werdet nichts besitzen, weder in dieser Zeit noch in der Zukunft. Ihr meint lange Zeit, die Nichtigkeiten dieser Welt zu besitzen, aber ihr täuscht euch, denn kommen wird der Tag und die Stunde, auf welche ihr nicht bedacht seid, die ihr nicht kennt und nicht wissen könnt.

Der Leib wird kraftlos, der Tod naht, Verwandte und Freunde kommen und sagen: Teile deinen Besitz auf. Da heucheln seine Gattin, seine Kinder, Verwandten und Freunde Tränen. Er blickt auf und sieht sie weinen, und verderbliche Rührung ergreift ihn. Er denkt nach und sagt: »Seht, mein Leben, meinen Leib und all meinen Besitz lege ich in eure Hände.« Wahrlich, dieser Mensch ist verdammt, der sein Leben, seinen Leib und all seinen Besitz solchen Händen anvertraut, ja er ist ausliefert. Daher sagt der Herr durch den Propheten: *Verflucht der Mensch, der auf Menschen vertraut.* Und anschließend lassen sie einen Priester kommen. Der Priester fragt ihn: »Willst du die Bußsakramente für all deine Sünden empfangen?« Er antwortet: »Ja.« »Willst du Buße tun für deine Vergehen und dafür, dass du Menschen betrogen und getäuscht hast, so wie du es nach deinem Besitz kannst?« Er antwortet: »Nein.« Und der Priester fragt: »Warum nicht?« »Weil ich alles in die Hände meiner Verwandten und Freunde gegeben habe.« Und daraufhin verliert er die Sprache, und so stirbt er elendig.

Aber alle sollen wissen: Wo und wie auch immer ein Mensch in schlimmer Sünde ohne Buße stirbt und er Genüge hätte tun können und es nicht getan hat, raubt der Teufel die Seele aus seinem Leib – mit so großen Qualen und Nöten, dass sie keiner ahnen kann, der sie nicht selbst erlitten hat. Und alle Talente, alle Macht und alles Wissen, alles, was er zu haben meinte, *wird ihm weggenommen*. Und er vermacht alles seinen Verwandten und Freunden, und die nehmen es von ihm, teilen seinen Besitz auf und sagen dann: »Verdammt sein soll seine Seele, denn er hätte sich mehr erwerben und uns hinterlassen können, als er getan hat.« Seinen Leib fressen die Würmer und so verliert er Leib und Leben in dieser kurzen Zeitlichkeit und gelangt in die Hölle, wo er ohne Ende gepeinigt werden wird. Im Namen des Vaters und des Sohnes und des Heiligen Geistes. Amen. Ich, Bruder Franziskus, euer geringster Knecht, bitte und beschwöre euch in der Liebe, die Gott ist, und in dem Willen, euch die Füße zu küssen: Nehmt diese Worte und alles andere von Jesus Christus, unserem Herrn, mit Demut und Liebe auf, setzt es in die Tat um und haltet euch daran. Und alle Männer und Frauen, die diese Worte wohlwollend aufnehmen, verstehen, anderen zur Lehre weitergeben und *bis zum Ende standhaft bleiben*, segne der Vater und der Sohn und der Heilige Geist. Amen.

BRIEF AN EINEN DIENER

Meinem Bruder, dem Diener N.: Der Herr segne dich.

Ich spreche zu dir, wie ich es vermag, über deine Seele: Du musst alles, was dich daran hindert, den Herrn, unseren Gott, zu lieben – ganz gleich, wer dir ein solches Hindernis bereitet hat, Brüder oder andere, selbst wenn sie dich schlagen sollten – als Gnade betrachten.

Und das sei dein Wille und nichts anderes. Und das sei dir zu Eigen, durch den wahren Gehorsam gegenüber Gott, dem Herrn, und mir gegenüber. Denn ich weiß genau, dass der wahre Gehorsam darin besteht. Denn ich liebe jene, die dir solches antun. Und du sollst nichts anderes von ihnen wollen, als was der Herr dir durch sie zuteil werden ließ. Und dafür liebe sie. Und du sollst nicht wollen, dass sie bessere Christen seien. Und halte das für besser, als dich als Einsiedler von den Menschen zu entfernen.

Ob du den Herrn und mich, seinen und deinen Knecht, liebst, will ich daran erkennen, ob du dies einhältst: Dass kein Bruder auf der Welt, der gesündigt hat – ganz gleich wie sehr er sündigen sollte –, in deine Augen sieht und anschließend ohne dein Erbarmen davongeht, wenn er um Erbarmen bittet. Und wenn er nicht um Erbarmen bittet, sollst du ihn danach fragen, ob er dein Erbarmen möchte. Und wenn er danach tausendmal vor deinen Augen sündigen sollte, so liebe ihn dafür mehr als mich, damit du ihn zum Herrn leitest. Solcher Menschen sollst du dich immer erbarmen. Und sobald du es kannst, melde den Hütern, dass du gefestigt bist, so zu handeln.

Aber aus allen Abschnitten unserer Regel, die schwere Sünden betreffen, wollen wir auf dem Pfingstkapitel im

Rat der Brüder, mit Gottes Hilfe, folgenden Abschnitt formen:

Wenn einer der Brüder, vom Feind gereizt, schwer gesündigt hat, sei er bei seinem Gehorsam verpflichtet, sich an seinen Hüter zu wenden. Und alle Brüder, die von seiner Sünde wissen, sollen ihm weder Scham noch Schande bereiten, sondern sich seiner besonders erbarmen und die Sünde ihres Bruders als etwas ganz Persönliches betrachten. Denn *nicht die Gesunden brauchen den Arzt, sondern die Kranken.* In gleicher Weise seien sie bei ihrem Gehorsam verpflichtet, ihn mit einem Gefährten zu seinem Wächter zu schicken. Und dieser Wächter soll sich seiner mit großem Erbarmen annehmen, ganz wie er es seinerseits in einem solchen Fall erfahren wollte.

Wenn ein Bruder hingegen eine verzeihliche Sünde begangen hat, soll er sie einem Bruder beichten, der Priester ist. Und wenn kein Priester in der Nähe ist, soll er es einem anderen Bruder beichten, bis er einen Priester findet, der ihn kanonisch freispricht. Und die Priester sollen keinesfalls ermächtigt sein, eine andere Buße aufzuerlegen als diese: *Geh und sündige von jetzt an nicht mehr.*

Trag dieses Schreiben bis Pfingsten bei dir, damit es besser befolgt werden kann. Dann wirst du bei deinen Brüdern sein und dabei helfen, das hierin Enthaltene und alles in der Regel noch Unvollkommene mit der Hilfe Gottes, des Herrn, zu vollenden.

Richten wir alle, liebe Geistliche, unser Augenmerk darauf, dass einige den heiligsten Leib und das heiligste Blut unseres Herrn Jesus Christus sowie seine hochheiligen Namen und die Schriftworte, die seinen Leib heiligen, mit großer Sünde und Unwissenheit behandeln.

Wir wissen, dass sein Leib nicht sein kann, wenn er nicht zuvor durch sein Wort geheiligt wird. Denn in dieser Welt haben und sehen wir vom Höchsten selbst nichts Körperhaftes außer seinem Leib und Blut, seinem Namen und seinen Worten, durch die wir geworden und vom Tod zum Leben erlöst sind.

Aber jeder einzelne, der seine heiligsten Ämter auf die missbilligte Weise ausführt – vor allem, wer sie nicht sorgsam ausführt –, soll bei sich bedenken, wie unwürdig die Kelche und Leintücher sind, auf denen Leib und Blut unseres Herrn dann geheiligt werden. Und viele legen sie an erbärmlichen Orten ab, tragen sie auf unpassende Weise, nehmen sie ohne Würde in die Hand und bieten sie anderen unterschiedslos dar. Auch seine Namen und Worte, die geschrieben stehen, werden mitunter mit Füßen getreten; denn *der irdisch gesinnte Mensch lässt sich nicht auf das ein, was von Gott kommt.*

Werden wir denn nicht von der Gnade gerührt, dass sich der gütige Herr in unseren Händen selbst darbietet und wir ihn täglich berühren und durch unseren Mund empfangen dürfen? Wissen wir denn nicht, dass wir unweigerlich in seine Hände gelangen werden?

Bessern wir uns also schnell und entschlossen, was dies und auch alles andere betrifft. Und überall, wo der heiligste Leib unseres Herrn Jesus Christus unpassend abgelegt und zurückgelassen worden ist, soll man ihn fortholen, an einer prächtigen Stelle unterbringen und ihn gut hüten. In gleicher Weise soll man die Namen und Worte des Herrn, die geschrieben stehen, überall dort, wo man sie an unreinen Orten vorfindet, aufsammeln und an einem würdigen Platz verwahren.

Und wir wissen, dass wir gemäß den Weisungen des Herrn und den Satzungen der heiligen Mutter Kirche verpflichtet sind, dies alles mehr als alles andere einzuhalten. Und sollte einer das nicht tun, so soll er wissen, dass er *am Tag des Gerichts Rechenschaft ablegen* wird vor unserem Herrn Jesus Christus.

Wer dieses Schreiben kopieren lässt, damit es besser befolgt werden kann, wisse sich gesegnet von Gott, unserem Herrn.

BRIEF AN DIE WÄCHTER

Allen Wächtern der Minderbrüder, zu denen dieser Brief gelangt, sendet Bruder Franziskus, euer Knecht und geringster Untergebener, seinen Gruß in Gott, dem Herrn, unter neuen Zeichen von Himmel und Erde, die vor Gott groß und herrlich sind, von vielen Mönchen und anderen Leuten aber für ganz unbedeutend gehalten werden.

Ich bitte euch nicht nur aus mir selbst heraus: Bittet die Geistlichen demütig, wenn es sich schickt und ihr es für förderlich erachtet, dass sie den heiligsten Leib und das heiligste Blut unseres Herrn Jesus Christus sowie seine heiligen Namen und die Worte der Schrift, die den Leib heiligen, über alles verehren müssen. Kelche, Monstranzen, Altarschmuck und alles, was zur Gabenbereitung zählt, soll bei ihnen erhaben sein. Und wenn der heiligste Leib unseres Herrn irgendwo ganz erbärmlich daliegt, sollen sie ihn gemäß dem kirchlichen Gebot an einen würdigen Platz legen, ihn gut hüten, mit großer Ehrfurcht tragen und anderen umsichtig austeilen.

Aber Schriften mit Namen und Worten des Herrn soll man überall, wo sie sich an unreinen Orten befinden, auflesen und an einem ehrwürdigen Platz unterbringen. Und bei jeder Predigt, die ihr haltet, sollt ihr das Volk erinnern, Buße zu tun und dass keiner gerettet werden kann, der nicht den heiligsten Leib und das heiligste Blut unseres Herrn empfangen hat. Und wenn ein Priester das Opfer über dem Altar darbringt und irgendwo herträgt, sollen alle Völker die Knie beugen und dem wahren, lebendigen Gott, unserem Herrn, Lob, Ruhm und Ehre singen. Und ihr sollt bei allen Völkern um seines Lobes willen verkünden und predigen, dass alles Volk auf der ganzen Erde zu jeder Stunde und bei jedem Glockenläuten dem allmächtigen Gott Lob und Dank sagte.

Und all meine Brüder Wächter, zu denen dieses Schreiben gelangt, die es kopieren, bei sich tragen, für die Brüder im Prediger- und Wächteramt kopieren lassen und alles, was in diesem Schreiben steht, bis zum Ende verkünden, sollen wissen: Sie haben den Segen Gottes, unseres Herrn, und auch meinen Segen. Und all dies sollen sie sich bei ihrem wahren und heiligen Gehorsam zu Eigen machen. Amen.

BRIEF AN DEN GESAMTEN ORDEN

Im Namen der höchsten Dreifaltigkeit und der heiligen Einheit des Vaters und des Sohnes und des Heiligen Geistes. Amen.

Allen verehrenswerten und sehr liebenswerten Brüdern, dem Bruder A., dem Allgemeinen Diener der Glaubensgemeinschaft der Minderbrüder, seinem Herrn und allen Allgemeinen Dienern, die nach ihm sein werden, allen demütigen Dienern, Wächtern und Priestern dieser Bruderschaft in Christus, und allen einfachen und untergebenen Brüdern, dem Ersten wie dem Letzten, sendet Bruder Franziskus, ein geringer und unbedeutender Mensch, euer niedrigster Unterknecht, seinen Segenswunsch: In ihm, der uns erlöst und uns in seinem kostbarsten Blut reingewaschen hat. Hört seinen Namen und betet ihn an, in Furcht und Ehrfurcht zur Erde geneigt: unseren Herrn Jesus Christus, der der Sohn des Höchsten genannt wird, *der gepriesen ist in Ewigkeit.*

Höret, Kinder des Herrn und meine Brüder, und vernehmt meine Worte mit euren Ohren. *Neigt das Ohr* eures Herzens und gehorcht der Stimme des Gottessohnes. Bewahrt seine Gebote überall in euren Herzen und erfüllt seine Weisungen in vollendeter Erkenntnis. Lobpreist ihn, denn er ist gütig, und erhebt ihn in euren Werken. Denn dazu sandte er euch in alle Welt, um mit Worten und Taten Zeugnis für seine Worte abzulegen und alle wissen zu lassen, dass nur er der Allmächtige ist. Verbleibt in Zucht und heiligem Gehorsam, und erfüllt, was ihr ihm in eurem guten und festen Vorsatz gelobt habt. Wie Kindern bietet sich uns der Herr dar, unser Gott.

Ich bitte euch Brüder daher alle mit meinem Kuss auf eure Füße und mit dem Kuss der Liebe, so sehr ich es vermag, dass ihr dem heiligsten Leib und Blut unseres Herrn Jesus Christus jede Verehrung und Anbetung darbringt, so sehr ihr nur könnt, denn in ihm sind Himmel und Erde mit dem allmächtigen Gott versöhnt und vereint.

Ich bitte im Herrn auch all meine Brüder Priester, die Priester des Höchsten sind und sein werden und sein wollen, dass sie bei jeder Messfeier das wahrhaftige Opfer des heiligsten Leibes und Blutes unseres Herrn Jesus Christus als Reine und in reiner Weise mit Ehrfurcht vollziehen, mit heiliger und lauterer Absicht, weder für irgendein irdisches Ziel noch aus Furcht oder Liebe zu irgendeinem Menschen noch den Leuten zum Gefallen. Sondern ihr Wille, so sehr ihnen die Gnade beisteht, soll ganz auf Gott gerichtet sein und sie sollen danach verlangen, ihm allein, dem höchsten Herrn, zu gefallen. Denn er allein wirkt darin, wie es ihm gefällt. Denn so spricht der Herr: *Tut dies zu meinem Gedächtnis.* Wenn jemand anders handelt, wird er ein Verräter wie Judas und *schuldig am Leib und Blut des Herrn.*

Erinnert euch, meine Brüder Priester, was geschrieben steht: *Wer das Gesetz des Mose* auch nur bei irdischen Dingen *verwirft, muss* ohne jedes Erbarmen durch den Spruch seines Herrn *sterben.* Um wie viel größere und *härtere Strafen verdient sich dann, wer den Sohn Gottes mit Füßen getreten, das Blut des Bundes, durch das er geheiligt wurde, verachtet und den Geist der Gnade zurückgewiesen hat?* Denn der Mensch verachtet, besudelt und misshandelt das Lamm Gottes, wenn, wie der Apostel sagt, er das heilige

Brot nicht von anderen Speisen oder Werken unterscheidet und trennt oder es als ein würdeloser Mensch isst oder, selbst wenn er ein würdiger Mensch sein sollte, es in einer eitlen und unwürdigen Weise isst. Denn der Herr sagt durch den Propheten: Verflucht ist der Mensch, der Gottes Werk mit Trug umsetzt. Und die Priester, die sich das nicht zu Herzen nehmen wollen, verurteilt er wahrlich mit den Worten: *Ich verfluche den Segen, der auf euch ruht.*

Höret, meine Brüder: Wenn die selige Jungfrau so verehrt wird, wie es würdig ist, weil sie den Herrn in ihrem heiligsten Schoß getragen hat; wenn der selige Täufer erzitterte und es nicht wagte, den heiligen Scheitel Gottes zu berühren; wenn dem Grabmal, in dem er eine Zeitlang lag, gehuldigt wird – wie heilig, gerecht und würdig muss doch derjenige sein, der den, der nicht mehr sterben wird, sondern in Ewigkeit siegreich und verherrlicht ist, den zu *schauen das Verlangen der Engel ist*, mit seinen Händen berührt, mit seinem Herzen und seinem Mund empfängt und den anderen darreicht, damit sie ihn empfangen können!

Achtet auf eure Würde, meine Brüder Priester, und ihr werdet heilig sein, weil der Herr heilig ist. Und so wie euch Gott, der Herr, wegen eures Amtes vor allen geehrt hat, so sollt auch ihr ihn vor allen lieben, achten und ehren. Groß ist euer Elend und beklagenswert die Schwäche eures Geistes, wenn der Herr euch so nahe ist, ihr euch aber um irgendwelche Dinge in der Welt sorgt. Der ganze Mensch soll erzittern, die ganze Welt soll erbeben und der Himmel frohlocken, wenn *Christus, Sohn des lebendigen Gottes* über dem Altar in der Hand des Priesters ist! O wunderbare Erhabenheit, staunenswerte Gnadengabe! O erhabene Demut! O demütige Erhabenheit! Der Herr des Alls, Gott und Sohn Gottes, erniedrigt sich so sehr, dass er sich zu unserem Heil unter dem wertlosen Schein des Brotes verbirgt. Brüder, seht die Erniedrigung Gottes und *schüttet euer Herz vor ihm aus*. Erniedrigt auch ihr euch, damit ihr von ihm erhöht werdet. Nichts von euch sollt ihr also für euch behalten, damit er euch zur Gänze aufnimmt, der sich zur Gänze euch gewährt.

Ich ermahne und ermuntere euch deswegen im Herrn, dass dort, wo Brüder sich aufhalten, nur eine einzige Messe am Tag gemäß dem Ritus der heiligen Kirche zelebriert werde. Sollten aber mehrere Priester vor Ort sein, sollen sie bei der Liebe und Nächstenliebe damit zufrieden sein, dass sie alle einer Messe beiwohnen, die nur einer von ihnen feiert. Denn die Anwesenden und Abwesenden, die seiner würdig sind, sättigt der Herr, Jesus Christus. Und wenn er auch an vielen Orten zu sein scheint, bleibt er dennoch unteilbar und kennt keine Verminderung, sondern ist überall der Eine und Einzige, und wie es ihm gefällt, wirkt er in Gemeinschaft mit Gott, dem Herrn, unserem Vater, und dem Heiligen Geist Paraklet in Ewigkeit. Amen.

Und weil der, *der aus Gott ist, auf die Worte Gottes hört,* müssen wir, die wir ganz besonders zum Dienste Gottes bestellt sind, nicht nur hören und tun, was Gott sagt. Sondern um die Erhabenheit unseres Schöpfers in uns und um unsere Unterwerfung in ihn eindringen zu lassen, müssen wir auch die Gefäße und alles hüten, das für den

Gottesdienst bestimmt ist und seine heiligen Worte enthält. Deswegen ermahne ich all meine Brüder und bestärke sie in Christus, dass sie Schriftstücke mit dem Wort Gottes überall so ehrfürchtig behandeln, wie sie nur können. Und soweit diese Worte nicht angemessen aufbewahrt werden oder an irgendeinem Ort unwürdig verstreut daliegen, sollen sie diese aufsammeln und gut verwahren und den Herrn auf diese Weise in den Worten ehren, die er gesprochen hat. Denn vieles wird durch die Worte Gottes geheiligt, und durch die Macht der Worte Christi erfüllt sich das Sakrament des Altares.

Ich bekenne außerdem unserem Herrn, Gott Vater und Sohn und dem Heiligen Geist, der seligen Maria, der ewigen Jungfrau, und allen Heiligen im Himmel und auf Erden, meinem Bruder H., dem Diener unseres Ordens, sowie meinem ehrwürdigen Herrn, den Priestern unseres Ordens und meinen übrigen gesegneten Brüdern all meine Sünden. In vielen Dingen habe ich mich durch meine schwere Schuld verfehlt, besonders weil ich die Regel, die ich dem Herrn gelobt habe, nicht beachtete und mein Stundengebet nicht so, wie die Regel es vorschreibt, gesagt habe – sei es aus Nachlässigkeit oder aufgrund meiner Krankheit, oder weil ich ungelehrt und unwissend bin.

Darum bitte ich meinen Herrn, Bruder H., den Allgemeinen Diener, nach Kräften darum, dass er die Regel von allen ohne Verletzungen befolgen lasse; und dass die Geistlichen das Stundengebet mit Hingabe an Gott sagen und dabei nicht auf die Melodie ihrer Stimme achten, sondern auf den Einklang mit ihrer Seele, sodass ihre Stimme mit ihrer Seele in Harmonie ist, ihre Seele aber mit Gott in

Harmonie ist – um Gott durch die Reinheit ihres Herzens zu gefallen und nicht, um die Ohren des Volkes durch die Pracht ihrer Stimme für sich einzunehmen. Ich gelobe, dies streng zu beachten, so Gott mir die Gnade dazu schenkt. Und ich richte dies auch an meine Mitbrüder, dass sie es beim Stundengebet und bei den übrigen Regeln beachten sollen.

Aber jeden Bruder, der das nicht einhalten will, halte ich nicht für katholisch und nicht für meinen Bruder. Ich will ihn auch nicht mehr sehen oder sprechen, bis er Buße getan hat. Dasselbe gilt für alle anderen, die als Vaganten umherziehen und die Disziplin unserer Regel vernachlässigen. Denn Jesus Christus, unser Herr, hat sein Leben gegeben, um seinen Gehorsam gegenüber dem heiligsten Vater nicht zuschanden werden zu lassen.

Ich, Bruder Franziskus, ein nutzloser Mensch und ein unwürdiges Geschöpf Gottes, weise bei unserem Herrn Jesus Christus den Bruder H., den Diener unseres ganzen Ordens, und alle Allgemeinen Diener, die nach ihm sein werden, sowie die übrigen Wächter und Hüter, die jetzigen und die kommenden, an, dieses Schreiben mit sich zu führen, es in die Tat umzusetzen und sorgsam aufzubewahren. Und ich bitte sie eindringlich, seinen Inhalt eifrig zu beachten und umsichtig zu sein, dass die Brüder ihn einhalten, beim Wohlgefallen des allmächtigen Gottes, jetzt und immerdar, solange diese Welt besteht.

Ihr, die ihr dies tut, seid vom Herrn gesegnet, der Herr sei mit euch in Ewigkeit. Amen.

Gebet

Allmächtiger, ewiger, gerechter und barmherziger Gott, gib, dass wir Arme um deiner selbst willen tun, was wir als deinen Willen erkennen, und immer wollen, was dir wohlgefällig ist. Damit wir von innen her geläutert, von innen her erleuchtet und vom Feuer des heiligen Geistes entzündet den Fußspuren deines geliebten Sohnes, unseres Herrn Jesus Christus, folgen und allein durch deine Gnade zu dir gelangen, Höchster, der du in der vollkommenen Dreiheit und einfachen Einheit lebst und herrschst und gepriesen bist als allmächtiger Gott in alle Ewigkeit. Amen.

BRIEF AN DIE LENKER DER VÖLKER

Allen Machthabern und Magistraten, Richtern und Lenkern in allen Ländern und allen, zu denen dieser Brief gelangt, wünscht Bruder Franziskus, euer kleinster und verachteter Knecht in Gott, dem Herrn, Heil und Frieden.

Habt Acht und seht, denn der Tag des Todes naht. Ich bitte euch also mit Ergebenheit, soweit ich es kann: Gebt wegen eurer Sorgen und Mühen in dieser Welt den Herrn nicht der Vergessenheit anheim und weicht nicht von seinen Weisungen ab. Denn alle, die ihn der Vergessenheit anheim geben und *von seinen Geboten abweichen, sind verflucht* und werden von ihm der Vergessenheit anheim gegeben werden. Und wenn der Tag ihres Todes gekommen ist, *wird ihnen alles, was sie zu haben meinten, weggenommen.* Und je weiser und *mächtiger sie in dieser Welt gewesen sind, desto größere Qualen werden sie in der Hölle erleiden.* Daher rate ich euch, meinen Herren, nachdrücklich, dass ihr alle Sorgen und alles Bemühen hintanstellt und den heiligsten Leib und das heiligste Blut unseres Herrn Jesus Christus im heiligen Gedenken an ihn dankbar empfangt. Und bringt dem Herrn in dem euch anvertrauten Volk so große Ehre dar, dass ein Herold oder ein anderes Signal allabendlich das ganze Volk aufruft, Gott, dem allmächtigen Herrn, Lob und Dank darzubringen. Und wenn ihr das nicht tut, so wisset, dass ihr vor Gott, eurem Herrn Jesus Christus, *am Tag des Gerichts Rechenschaft ablegen* müsst.

Wer dieses Schreiben bei sich behält und es befolgt, wisse: Er ist gesegnet von Gott, dem Herrn.

BRIEF AN DEN HEILIGEN ANTONIUS

Meinem Bruder, Bischof Antonius, sendet Bruder Franziskus seinen Gruß. Ich freue mich, dass du unsere Brüder in der heiligen Theologie unterrichtest, wenn du nur unter deinen Studien den Geist des Gebets und der Andacht nicht einbüßt, ganz wie ihn unsere Regel beinhaltet.

ERMAHNUNGEN

Kapitel I
Der Leib des Herrn

Jesus, unser Herr, spricht zu seinen Jüngern: *Ich bin der Weg, die Wahrheit und das Leben. Niemand kommt zum Vater denn durch mich. Wenn ihr mich erkannt habt, habt ihr auch meinen Vater erkannt; schon jetzt kennt ihr ihn und habt ihn gesehen. Philippus sagte zu ihm: Herr, zeig uns den Vater; das genügt uns. Jesus antwortete ihm: Schon so lange bin ich bei euch und ihr habt mich nicht erkannt, Philippus? Wer mich sieht, sieht meinen Vater.* Der Vater bewohnt das *unzugängliche Licht* und *Gott ist Geist* und *niemand hat Gott je gesehen.* Deshalb kann er nur vom Geist gesehen werden, denn *der Geist ist es, der lebendig macht; das Fleisch nützt nichts.* Aber auch der Sohn wird in seiner Gleichheit mit dem Vater von niemandem gesehen als vom Vater und dem Heiligen Geist. Daher sind alle verdammt, die Jesus, unseren Herrn, nach seiner Menschlichkeit gesehen haben, die ihn aber nicht nach Geist und Göttlichkeit gesehen noch auch geglaubt haben, dass er der wahre Sohn Gottes ist. So sind auch jetzt alle, die das Sakrament in Form von Brot und Wein sehen, das durch die Worte Gottes über dem Altar durch die Hand des Priesters geheiligt wird, die es aber nicht nach Geist und Göttlichkeit sehen und nicht glauben, dass es wahrhaftig der allerheiligste Leib und das allerheiligste Blut unseres Herrn Jesus Christus ist, nach dem Zeugnis des Höchsten selbst verdammt, denn er sagt: *Dies ist mein Leib und das Blut meines neuen Bundes.* Und:

Wer meinen Leib isst und mein Blut trinkt, hat das ewige Leben. Daher ist es der Geist des Herrn, der in den Gläubigen wohnt, der den heiligsten Leib und das heiligste Blut des Herrn empfängt. Alle anderen, die diesen Geist nicht haben und sich anmaßen, dies zu empfangen, essen und trinken sich ihr Gericht.

Daher: Ihr Menschensöhne, wie lange noch schweren Herzens? Wieso erkennt ihr die Wahrheit nicht und glaubt nicht an Gottes Sohn? Seht, er erniedrigt sich täglich selbst, wie da, als er *vom königlichen Thron* in den Schoß der Jungfrau hinabstieg; täglich zeigt er sich uns in unscheinbarer Gestalt; täglich kommt er von der Brust des Vaters in die Hände des Priesters über dem Altar. Und wie er sich den heiligen Aposteln in seinem wahren Fleisch zeigte, so zeigt er sich jetzt auch uns im heiligen Brot. Und so wie diese mit dem Blick ihres Fleisches nur sein Fleisch sahen, aber glaubten, dass er selbst Gott ist, weil sie ihn mit den Augen der Seele erkannten, so wollen auch wir, wenn wir Brot und Wein mit den Augen des Leibes sehen, erkennen und fest glauben, dass sie sein heiligster Leib und sein lebendiges und wahres Blut sind. Und auf diese Weise ist der Herr immer mit denen, die an ihn glauben, so wie er selbst sagt: *Seht, ich bin bei euch bis zum Ende der Welt.*

Kapitel II
Das Übel des eigenen Willens

Der Herr sprach zu Adam: Von *jedem Baum darfst du essen, aber vom Baum der Erkenntnis von Gut und Böse darfst du nicht essen.* Von jedem Baum des Paradieses hätte er essen können, denn solange er nicht gegen seinen Gehorsam verstieß, sündigte er nicht.

Jener aber isst vom Baum der Erkenntnis des Guten, der seinen Willen zu seinem Eigentum erklärt und sich wegen des Guten erhebt, das der Herr in ihm sagt und wirkt; und so ist der Apfel durch die Einflüsterung des Teufels und das Überschreiten des Gebotes zum Apfel der Erkenntnis des Bösen geworden. Daher erträgt er seine Strafe zu Recht.

Kapitel III
Der vollendete Gehorsam

Der Herr sagt im Evangelium: *Wer nicht ganz auf seinen Besitz verzichtet, kann nicht mein Jünger sein,* und: *Wer sein Leben retten will, wird es verlieren.* Wer sich selbst aber im Gehorsam ganz in die Hände seines Vorstehers begibt, lässt alles hinter sich, was er besitzt, und verliert seinen Leib. Und was auch immer er tut oder sagt: Sofern er weiß, dass es nicht gegen dessen Willen ist, und sofern er Gutes tut, ist es wahrer Gehorsam. Und wenn er als Unterworfener einmal etwas erkennen sollte, das für seine Seele besser und nützlicher ist als das, was sein Vorsteher ihm aufträgt, soll er seinen Wunsch bereitwillig für Gott aufopfern und sich bemühen, die Weisungen des Vorstehers umzusetzen. Denn dies ist der liebende Gehorsam, weil er Gott und seinem Nächsten Genüge tut.

Wenn der Vorsteher ihm aber irgendetwas auftragen sollte, was seiner Seele geradewegs zuwiderläuft, darf er den Gehorsam verweigern, doch soll er seinen Vorsteher nicht verlassen. Und wenn ihn einige daraufhin verfolgen, soll er sie um Gottes willen mehr lieben. Denn wer eher Verfolgung erduldet, als sich von seinen Brüdern zu trennen, lebt wahrhaftig den vollkommenen Gehorsam, weil er *sein Leben für seine Brüder hingibt.* Es gibt nämlich viele Mönche, die unter dem Vorwand, etwas Besseres zu erkennen als das, was ihre Vorsteher ihnen auftragen, *zurückblicken und zum Erbrochenen ihres eigenen Willens zurückkehren.* Das sind Mörder, denn durch ihr schlechtes Beispiel lassen sie die Seelen vieler zugrunde gehen.

Kapitel IV
Niemand soll einen Vorrang als sein Eigentum erachten

Ich bin nicht gekommen, um mir *dienen zu lassen, sondern um zu dienen,* sagt der Herr. Jene, die über andere gestellt sind, sollen sich über diesen Vorrang nicht mehr rühmen, als wenn ihnen das Amt übertragen wäre, die Füße ihrer Brüder zu waschen. Und so, wie sie der verlorene Vorrang mehr als das Amt der Fußwaschung an sich bestürzt, füllen sie sich ihren Beutel zum Schaden ihrer Seele.

Kapitel V
Keiner sei hochmütig, sondern rühme sich im Kreuz des Herrn

Bedenke, o Mensch, welche Erhabenheit dir der Herr, dein Gott, zuteil werden ließ. Denn er hat dich geschaffen und geformt *nach dem Abbild seines geliebten Sohnes im Leib und nach seinem Abbild* im Geist. Und alle Geschöpfe unter dem Himmel dienen, kennen und gehorchen ihrem Schöpfer besser als du. Auch haben ihn keine Dämonen gekreuzigt, sondern du hast ihn mit den Deinen gekreuzigt und kreuzigst ihn bis heute durch deine Freude an Laster und Sünde. Wessen könntest du dich also rühmen? Denn wenn du so scharfsinnig und klug wärst, dass du *alle Erkenntnis* besäßest und *alle Arten von Zungenrede* zu deuten wüsstest und es verstündest, das Himmlische zu erforschen – all dessen kannst du dich nicht rühmen. Denn ein einziger Dämon wusste über das Himmlische und weiß jetzt über das Irdische mehr als alle Menschen zusammen, mag auch einer vom Herrn einmal besondere Kenntnis der höchsten Weisheit empfangen haben. Und auch wenn du schöner und reicher wärst als alle und wenn du auch Wunder tätest und Dämonen austriebest, kommt all dies nicht von dir und betrifft dich nicht, und du kannst dich dessen nicht rühmen. Sondern wir können uns darin rühmen: *in unserer Schwachheit* und indem wir täglich das heilige Kreuz unseres Herrn Jesus Christus auf uns nehmen.

Kapitel VI
Die Nachfolge des Herrn

Richten wir, all meine Brüder, unsere Aufmerksamkeit auf den guten Hirten, der das Leiden am Kreuz auf sich nahm, um seine Schafe zu retten. Die Schafe des Herrn waren ihm in Drangsal und Verfolgung, Scham und Hunger, Krankheit und Folter und allem anderen gefolgt. Dafür empfingen sie vom Herrn das ewige Leben. Und es ist eine große Schande für uns Knechte Gottes, wenn wir für die bloße Verkündigung der Werke, die doch die Heiligen getan haben, Ruhm und Ehre empfangen wollen.

Kapitel VII
Dem Wissen sollen gute Taten folgen

Der Apostel sagt: *Der Buchstabe tötet, der Geist aber macht lebendig*. Der Buchstabe hat die getötet, die lediglich begehren, die Wörter zu kennen, damit sie unter ihren Mitmenschen als die Weisesten gelten und sich große Reichtümer erwerben, von denen sie dann ihren Verwandten und Freunden geben können. Und der Buchstabe hat diejenigen Mönche getötet, die nicht dem Geist der göttlichen Schrift folgen wollen, sondern vielmehr begehren, nur ihre Wörter zu kennen und anderen auszulegen.

Aber der Geist der göttlichen Schrift hat alle zum Leben erweckt, die jeden Buchstaben, den sie schon kennen oder noch erlernen wollen, nicht ihrem Leib zugute kommen lassen, sondern ihn durch ihr Wort und ihr Vorbild an den höchsten Gott, unseren Herrn, zurückgeben, denn alles Gute ist sein Eigentum.

Kapitel VIII
Man muss die Sünde des Neides vermeiden

Der Apostel verkündet: *Keiner kann sagen: Jesus ist der Herr!, wenn er nicht aus dem Heiligen Geist redet*. Und: *Keiner tut Gutes, auch nicht ein Einziger*. Wer also einen seiner Brüder wegen des Guten beneidet, das der Herr durch ihn sagt und wirkt, begeht Gotteslästerung, da er den Höchsten selbst beneidet, der alles Gute sagt und wirkt.

Kapitel IX
Die Liebe

Der Herr sagt: *Liebt eure Feinde.* Seinen Feind liebt wahrhaftig, wen nicht das Unrecht schmerzt, das dieser ihm zufügt, sondern wen aus Liebe zu Gott die Sünde in der Seele dieses Menschen plagt. Er soll ihm durch seine Taten die Liebe zeigen.

Kapitel X
Die Züchtigung des Körpers

Es gibt viele, die die Schuld für eigene Sünden oder erlittenes Unrecht einem Feind oder ihrem Nächsten anlasten wollen. Aber das ist nicht richtig. Denn ein jeder hat den Feind in seiner Gewalt, nämlich seinen Leib, durch den er sündigt. Daher *selig der Knecht*, der diesen Feind, der doch in seine Gewalt überstellt ist, immer gefangen hält und sich klug vor ihm hütet. Denn solange er dies tut, wird kein anderer Feind, sichtbar oder unsichtbar, ihm schaden können.

Kapitel XI
Keiner lasse sich durch die Schlechtigkeit eines anderen verderben

Dem Knecht Gottes darf nichts missfallen, außer der Sünde. Doch auf welche Weise irgendjemand auch sündigen mag – wenn der Knecht Gottes sich deswegen, und nicht aus Liebe zu diesem Menschen, erregt und in Zorn gerät, lädt er sich selbst Schuld auf. Der Knecht Gottes, der nicht in Zorn gerät und sich nicht erregt, lebt richtig und hat sich von allem freigemacht. Und selig ist, wer sich nichts zurückbehält, sondern *dem Kaiser, was des Kaisers ist, und Gott, was Gottes ist,* gibt.

Kapitel XII
Den Geist des Herrn erkennen

So kann man erkennen, ob in einem Knecht Gottes der Geist des Herrn wirkt: wenn der Herr durch ihn etwas Gutes tut und sein Fleisch sich daraufhin nicht erhebt – denn es stellt sich allem Guten immer entgegen –, sondern wenn er sich dann für den Unwürdigsten hält und sich für geringer als alle anderen Menschen erachtet.

Kapitel XIII
Die Geduld

Selig sind die Friedfertigen, denn sie werden Kinder Gottes genannt werden. Der Knecht Gottes kann nicht erkennen, wie groß die Langmut und die Demut ist, die er in sich trägt, solange ihm das Seine zuteil wird. Wenn aber die Zeit gekommen ist, dass jene, die ihm das Seine zuteil werden lassen müssten, ihm das Gegenteil zukommen lassen – wie viel Langmut und Demut er dann besitzt, so viel besitzt er und nicht mehr.

Kapitel XIV
Die Armut des Geistes

Selig sind die, die arm sind im Geiste, denn ihnen gehört das Himmelreich. Es gibt viele, die eifrig beten und Gottesdienst halten, körperlich enthaltsam und entbehrungsreich leben, aber über ein einzelnes Wort, das ihnen wie ein körperlicher Übergriff erscheint, oder über irgendetwas, das ihnen weggenommen wird, vor Wut sofort außer sich geraten. Diese sind nicht arm im Geiste. Denn wer wirklich arm im Geiste ist, hasst sich selbst und liebt die, die ihm *auf die Wange schlagen*.

Kapitel XV
Der Frieden

Selig, die Frieden stiften, denn sie werden Kinder Gottes genannt werden. Jene aber sind wahrhaft friedfertig, die bei allem, was sie in dieser Welt erdulden, aus Liebe zu unserem Herrn Jesus Christus in Geist und Körper den Frieden bewahren.

Kapitel XVI
Die Reinheit des Herzens

Selig, die reinen Herzens sind, denn sie werden Gott schauen. Wahrhaft reinen Herzens sind die, die das Irdische verachten, das Himmlische suchen und nicht aufhören, den Herrn, den lebendigen und wahren Gott, mit reinem Herzen und reiner Seele immer anzubeten und zu bedenken.

Kapitel XVII
Der demütige Knecht Gottes

Selig der Knecht, der nicht stolzer auf das Gute ist, das der Herr durch ihn sagt und wirkt, als auf das, was dieser durch einen anderen sagt und wirkt. Es sündigt der Mensch, der von seinem Nächsten mehr empfangen will, als er selber Gott, dem Herrn, von sich geben möchte.

Kapitel XVIII
Mitleid für den Nächsten

Selig der Mensch, der seinen Nächsten in dessen Unzulänglichkeit so erduldet, wie er von diesem erduldet werden wollte, wenn er seinerseits in dessen Lage wäre. Selig der Knecht, der Gott, seinem Herrn, alle Güter zurückgibt. Denn wer etwas behält, *versteckt das Geld Gottes, seines Herrn*, bei sich, und *was er zu haben meinte, wird ihm weggenommen.*

Kapitel XIX
Der demütige Knecht Gottes

Selig der Knecht, der sich nicht für besser hält, wenn die Menschen ihn preisen und in die Höhe heben, als wenn sie ihn für gering, gemein und verachtenswert halten. Denn wie der Mensch vor Gott ist, so groß ist er und nicht größer. Wehe jenem Mönch, der von anderen in die Höhe gehoben wird und nach seinem eigenen Willen nicht herabsteigen will. Und *selig der Knecht*, der gegen seinen Willen in die Höhe gehoben wird und sich immer danach sehnt, unter den Füßen der anderen zu sein.

Kapitel XX
Der gute und der eitle Mönch

Selig der Mönch, der an nichts anderem außer an den heiligsten Worten und Werken des Herrn Heiterkeit und Glück empfindet und der die Menschen durch sie *mit Entzücken und Freude* zur Liebe Gottes hinführt. Wehe dem Mönch, der sich an müßigen und leeren Worten erfreut und die Menschen mit ihnen zum Lachen bringt.

Kapitel XXI
Der eitle und geschwätzige Mönch

Selig der Knecht, der beim Reden nicht das Seinige hervorhebt, weil er sich einen Lohn erhofft, und der nicht *eilfertig spricht*, sondern weise abwägt, was er sagen und antworten soll. Wehe jenem Mönch, der das Gute, das der Herr ihm offenbart, nicht *in seinem Herzen bewahrt* und es anderen nicht durch sein Handeln zeigt, sondern der in der Hoffnung auf Lohn darauf aus ist, es den Menschen mit Worten zu zeigen. Er *empfängt seinen Lohn* und seinen Zuhörern nutzt es wenig.

Kapitel XXII
Die Zurechtweisung

Selig der Knecht, der Zurechtweisung, Anklage und Tadel von anderen so geduldig erträgt, als käme sie von ihm selbst. Selig der Knecht, der sich bei Tadel als sanft und gutmütig erweist, bescheiden gehorcht, demütig beichtet und bereitwillig Buße tut. Selig der Knecht, der sich nicht zu schnell entschuldigt und demütig die Scham und den Tadel für eine Sünde erduldet, auch wenn ihn selbst keine Schuld trifft.

Kapitel XXIII
Die Demut

Selig der Knecht, den man inmitten seiner Untergebenen so demütig antrifft, als wäre er inmitten seiner Herren. Selig der Knecht, der stets unter der Rute der Züchtigung verweilt. Der ist *der treue und kluge Knecht*, der bei all seinen Verfehlungen nicht säumt, innerlich durch Zerknirschung und nach außen durch Beichte und Buße Abbitte zu leisten.

Kapitel XXIV
Die wahre Nächstenliebe

Selig der Knecht, der seinen kranken Bruder, der es ihm nicht vergelten kann, so sehr liebt, als wenn er gesund wäre und es ihm vergelten könnte.

Kapitel XXV
Nochmals zur Nächstenliebe

Selig der Knecht, der seinen weit entfernten Bruder so sehr liebt und fürchtet, wie wenn er bei ihm ist, und der nichts hinter seinem Rücken sagt, was er ihm nicht voller Liebe ins Gesicht sagen kann.

Kapitel XXVI
Die Knechte Gottes sollen die Geistlichen ehren

Selig der Knecht, der den Geistlichen vertraut, die nach dem Ritus der römischen Kirche richtig leben. Und wehe dem, der auf sie herabsieht. Denn selbst wenn sie Sünder sein sollten, darf dennoch niemand über sie richten, denn allein der Herr behält sie sich für sein Gericht vor. Denn umso höher ihr Amt und Dienst am heiligsten Leib und Blut unseres Herrn Jesus Christus ist, den sie empfangen und den nur sie anderen darreichen dürfen, umso mehr übersteigt die Schuld der Sünder unter ihnen diejenige aller anderen Menschen dieser Welt.

Kapitel XXVII
Die Tugend vertreibt das Laster

Wo Liebe ist und Weisheit, dort ist weder Furcht noch Unwissenheit.
Wo Langmut ist und Demut, dort ist weder Zorn noch Verwirrung.
Wo Armut ist und Freude, dort ist weder Gier noch Geiz.
Wo Frieden ist und Besinnung, dort ist weder Kummer noch Unruhe.
Wo die Sorge des Herrn *seinen Hof* bewacht, dort findet der Feind keinen Zugang.
Wo Mitleid ist und Klugheit, dort ist weder Überfluss noch Verbitterung.

Kapitel XXVIII
Man muss das Gute bei sich bewahren, damit es nicht verloren geht

Selig der Knecht, der seine *Schätze im Himmel sammelt*, die der Herr ihm darbietet, und nicht darauf aus ist, sie in der Hoffnung auf Lohn den Menschen zu offenbaren. Denn der Höchste selbst wird seine Werke all denen enthüllen, die seinen Gefallen finden. Selig der Knecht, der die Geheimnisse des Herrn *in seinem Herzen bewahrt.*

DIE WAHRE UND VOLLKOMMENE FREUDE

Eines Tages rief der selige Franziskus bei Santa Maria degli Angeli Bruder Leo zu sich und sagte ihm: »Bruder Leo, schreib!« Der antwortete: »Sieh, ich bin bereit.« »Schreib«, sagte er, »worin die wahre Freude besteht: Es kommt ein Bote und sagt, dass alle Magistrate von Paris in den Orden eingetreten sind – schreib: Das ist nicht die wahre Freude. Wenn außerdem alle Prälaten jenseits der Alpen, Erzbischöfe und Bischöfe, außerdem der König von Frankreich und der König von England eingetreten sind – schreib: Das ist nicht die wahre Freude. Wenn außerdem meine Brüder zu den Ungläubigen gezogen sind und alle zum Glauben bekehrt haben; wenn ich außerdem so große Gnade von Gott erhalte, dass ich Kranke heile und viele Wunder wirke – ich sage dir: In all dem liegt nicht die wahre Freude.

Was aber ist die wahre Freude? Ich kehre von Perugia zurück und komme in tiefer Nacht hierher, es ist Winter, schmutzig und so kalt, dass die eisigen Wassertropfen an meinem Gewandsaum gefrieren, ständig in die Unterschenkel schneiden und aus den Wunden Blut läuft. Und ich komme ganz verdreckt und ausgekühlt und verfroren zum Tor. Und nachdem ich lange geklopft und gerufen habe, kommt ein Bruder und fragt: ›Wer ist da?‹ Ich antworte: ›Bruder Franziskus.‹ Und er wiederum sagt: ›Verschwinde! Das ist keine rechte Zeit für einen Wanderer; du findest keinen Einlass.‹ Und als ich nicht ablasse, antwortet er wiederum: ›Verschwinde, du einfältiger, ungebildeter Mensch! Ich lasse dich bestimmt nicht herein. Wir sind so viele und solcher Art, dass wir dich nicht brauchen.‹ Und ich wiederum stehe am Tor und sage: ›Mit Gottes Liebe, nehmt mich bitte diese Nacht auf.‹ Und er antwortet: ›Niemals. Geh zum Ort der Kreuzträger und bitte da um Einlass.‹ Ich sage dir: Wenn ich dann langmütig bin und mich nicht errege – darin liegt die wahre Freude und die wahre Tugend und das Seelenheil.«

ORDENSREGELN

Honorius, Bischof, Knecht der Knechte Gottes, sendet seinen geliebten Söhnen, dem Bruder Franziskus und den übrigen Brüdern vom Orden der Minderbrüder seinen Gruß und apostolischen Segen.

Der Apostolische Stuhl stimmt frommen Wünschen zu und gewährt den würdigen Anliegen Bittender seine wohlwollende Gunst. Euren frommen Bitten geneigt, geliebte Söhne im Herrn, bestätigen wir daher mit apostolischer Vollmacht eure Ordensregel, die unser Vorgänger, Papst Innozenz seligen Angedenkens, gebilligt hat, und sichern sie in der vorliegenden Form durch das Patronat dieses Schreibens.

Sie lautet wie folgt:

Kapitel I
Im Namen des Herrn!
Hier beginnt die Regel der Minderbrüder

Dies ist die Regel und die Lebensweise der Minderbrüder, nämlich das heilige Evangelium unseres Herrn Jesus Christus durch ein Leben in Gehorsam, Besitzlosigkeit und Keuschheit zu befolgen. Bruder Franziskus gelobt seinem Herrn, Papst Honorius und seinen Nachfolgern, die nach kirchlichem Recht bestellt werden, sowie der römischen Kirche Gehorsam und Ehrerbietung. Und die übrigen Brüder sollen zum Gehorsam gegenüber Bruder Franziskus und seinen Nachfolgern verpflichtet sein.

Kapitel II
Über die, die dieses Leben annehmen wollen. Wie sie aufgenommen werden müssen

Wer dieses Leben annehmen möchte und zu unseren Brüdern kommt, soll zum jeweiligen Landesdiener geschickt werden. Nur diesen und niemandem sonst soll die Erlaubnis zugebilligt werden, Brüder aufzunehmen. Die Diener sollen diese aber sorgsam auf ihren katholischen Glauben und die kirchlichen Sakramente prüfen. Und wenn diese an all das glauben, es treu bekennen und bis zum Ende streng befolgen wollen und auch keine Frauen haben – oder, falls doch, diese Frauen ihrerseits schon in ein Kloster eingetreten sind oder ihnen mit der Vollmacht des Diözesanbischofs nach dem Enthaltsamkeitsgelübde die entsprechende Erlaubnis erteilt haben, wobei die Ehefrauen ein Alter haben sollen, das sie nicht in Verruf geraten lässt –, sollen die Landesdiener ihnen das Wort des heiligen Evangeliums verlesen, dass sie hingehen und all ihren Besitz verkaufen und den Erlös an die Armen verteilen. Wenn sie das nicht tun können, genügt für sie der gute Wille. Und die Brüder und ihre Diener sollen sich vorsehen, sich nicht mit deren weltlichem Besitz zu beschäftigen, damit diese frei damit verfahren können, wie auch immer der Herr es ihnen eingibt. Wenn sie dennoch um Rat fragen, sollen die Diener die Freiheit besitzen, sie zu frommen Menschen ihrer Wahl zu schicken, nach deren Rat diese ihre Güter den Armen verteilen mögen. Danach sollen sie ihnen die ärmlichen Kleider der Probezeit zuteilen, nämlich zwei Habite ohne Kapuze, einen Gürtel, eine Hose und einen Kaparon bis zum Gürtel, es sei denn, den

Dienern erscheint irgendwann einmal etwas anderes mit Gottes Segen besser. Aber wenn das Jahr ihrer Erprobung vorüber ist, sollen die neuen Brüder in den Gehorsam aufgenommen werden, indem sie geloben, immer die hier beschriebene Lebensweise und Regel einzuhalten. Und auf keine Weise kann es ihnen erlaubt werden, aus unserer Glaubensgemeinschaft auszutreten, wie es der Papst, unser Herr, angewiesen hat. Denn nach dem heiligen Evangelium ist *keiner, der die Hand an den Pflug gelegt hat und nochmals zurückblickt, für das Reich Gottes geeignet*.

Wer den Gehorsam bereits gelobt hat, soll einen einzigen Habit mit Kapuze und einen zweiten ohne Kapuze besitzen, wenn er den möchte. Und wer Schuhe benötigt, darf sie tragen. Und alle Brüder sollen wertlose Kleider tragen, und mit dem Segen Gottes sollen sie diese durch Sackleinen und andere Flicken ausbessern dürfen. Ich ermahne sie aber streng, die Menschen nicht zu verachten oder zu richten, die sie anschmiegsame, farbenprächtige Kleidung tragen oder köstliche Speisen und Getränke zu sich nehmen sehen. Vielmehr soll jeder Einzelne von ihnen sich selber richten und verachten.

Kapitel III
Gottesdienst und Fasten. Wie die Brüder durch die Welt ziehen müssen

Die geistlichen Brüder sollen den Gottesdienst gemäß dem Ritus der heiligen römischen Kirche verrichten, mit Ausnahme des Psalters, aus dem sie Auszüge vornehmen können. Die Laienbrüder aber sollen vierundzwanzig Vaterunser zur Matutin, fünf zur Laudes, je sieben zur Prim, Terz, Sext und Non, zur Vesper aber zwölf und zur Komplet wieder sieben sprechen. Und sie sollen für die Verstorbenen beten. Sie sollen auch von Allerheiligen bis zur Geburt des Herrn fasten. Was aber die heilige vierzigtägige Fastenzeit betrifft, die sich vom Dreikönigstag bis zu den vierzig Tagen erstreckt, die der Herr durch sein heiliges Fasten geweiht hat: Wer in ihr freiwillig fastet, soll vom Herrn gesegnet sein, und wer es nicht will, soll nicht dazu verpflichtet sein, sondern soll die andere Fastenzeit bis zur Auferstehung des Herrn einhalten. Zu den anderen Zeiten sollen die Brüder nicht zum Fasten verpflichtet sein, außer am Freitag. Aber in Zeiten offenkundiger Not sollen die Brüder gar nicht zum leiblichen Fasten verpflichtet sein.

Ich rate, mahne und ermuntere meine Brüder in Jesus Christus, unserem Herrn, dass sie, wenn sie durch die Welt ziehen, sich weder streiten noch in Wortgefechte verfallen noch auch über andere richten. Vielmehr sollen sie sanftmütig, friedfertig und bescheiden, milde und demütig sein und in würdiger Form mit allen sprechen, wie es sich gehört. Und sie dürfen nicht reiten, außer wenn offenkundige Not oder Gebrechen sie zwingen.

In welches Haus sie auch eintreten, sollen sie als Erstes sagen: *Friede diesem Haus.* Und gemäß dem heiligen Evangelium soll es ihnen erlaubt sein, *von allen Speisen zu essen, die man ihnen vorsetzt.*

Kapitel IV
Die Brüder sollen kein Geld annehmen

Ich befehle sämtlichen Brüdern streng, in keiner Weise Münzen oder überhaupt Geld anzunehmen, weder persönlich noch durch einen Mittelsmann. Die Diener und Wächter, und nur diese, sollen aber für die notwendigen Bedürfnisse der Schwachen und für die Kleidung der Brüder sorgen – mit Hilfe geistlicher Freunde –, wie es ihnen je nach Ort, Jahreszeit und Kälte der Region den Bedürfnissen angemessen erscheint, unbeschadet dessen, dass sie, wie gesagt, keinesfalls Münzen oder überhaupt Geld annehmen dürfen.

Kapitel V
Die Art der Arbeit

Die Brüder, denen der Herr die Gnade gewährt hat, zu arbeiten, sollen dies fleißig und demütig tun. Indem sie den Müßiggang, den Feind der Seele, fernhalten, löschen sie nicht den Geist des heiligen Gebets und der Andacht aus, dem alles Weltliche dienen muss. Was den Lohn ihrer Arbeit angeht, sollen sie für sich und ihre Brüder das zum Leben Notwendige annehmen – aber keine Münzen oder überhaupt Geld –, und zwar so demütig, wie es den Knechten Gottes und den Anhängern der heiligsten Armut zukommt.

Kapitel VI
Die Brüder dürfen kein Eigentum erwerben
Das Bitten um Almosen
Wenn Brüder erkrankt sind

Die Brüder dürfen kein Eigentum erwerben, weder ein Haus noch Land noch sonst irgendetwas. *Wie Fremde und Gäste* sollen sie in Armut und Demut auf dieser Welt dem Herrn dienen und voll Vertrauen ausziehen und um Almosen bitten. Dabei brauchen sie sich nicht zu scheuen, denn *unseretwegen wurde der Herr in dieser Welt arm.* Das ist die Hoheit der höchsten Armut, die euch, meine geliebtesten Brüder, zu Erben und Königen des Königreichs des Himmels eingesetzt, arm an Besitz gemacht und durch die Tugend erhöht hat. Das sei euer *Anteil, der euch ins Land der Lebenden* führt. Geliebteste Brüder, folgt der Armut ohne Einschränkung und begehrt um den Namen unseres Herrn Jesus Christus willen in Ewigkeit nichts anderes unter dem Himmel. Und wo immer Brüder sind und sich begegnen, sollen sie sich einander freundlich erweisen. Und einer soll dem anderen sorglos seine Nöte offenbaren. Denn wenn eine Mutter ihren leiblichen Sohn ernährt und liebt, um wie viel sorgsamer muss dann jemand seinen geistlichen Bruder lieben und ernähren? Und wenn einer der Brüder erkrankt, müssen die anderen Brüder ihm so dienen, wie sie selbst in seiner Lage bedient werden wollten.

Kapitel VII
Die Buße für Brüder, die gesündigt haben

Wenn ein Bruder, vom Feind gereizt, schwer gesündigt hat und es eine solche Sünde ist, für die man sich nach Übereinkunft der Brüder unbedingt an seinen Landesdiener wenden muss, dann soll der erwähnte Bruder verpflichtet sein, sich so schnell wie möglich und ohne Verzögerung an diesen zu wenden. Der Diener selbst aber soll ihm, sofern er Priester ist, seine Buße mit Erbarmen auferlegen. Sofern er aber kein Priester ist, soll er die Buße durch Priester des Ordens auferlegen lassen, so wie es ihm mit Gott am förderlichsten erscheint. Und er soll sich hüten, wegen der Sünde eines anderen in Zorn zu geraten und sich zu erregen. Denn Zorn und Erregung hemmen in ihm und anderen die Liebe.

Kapitel VIII
Die Wahl des Allgemeinen Dieners der Bruderschaft. Das Pfingstkapitel

Alle Brüder sollen verpflichtet sein, immer einen Bruder der Glaubensgemeinschaft zum Allgemeinen Diener und Knecht der gesamten Bruderschaft zu haben. Und sie sollen streng verpflichtet sein, ihm zu gehorchen. Wenn er verstirbt, soll die Wahl des Nachfolgers durch die Landesdiener und Wächter erfolgen, und zwar auf dem Pfingstkapitel. Zu diesem sollen die Landesdiener immer vollzählig zusammenkommen, wobei der Allgemeine Diener den jeweiligen Ort festlegt, und zwar alle drei Jahre oder nach einer anderen, längeren oder kürzeren Frist, so wie es der eben erwähnte Diener anweist.

Wenn dieser Diener aber irgendwann einmal der Gesamtheit der Landesdiener und Wächter als ungeeignet für seinen Dienst und das Gemeinschaftswohl der Brüder erscheint, sollen die oben genannten Brüder, denen seine Wahl zusteht, verpflichtet sein, sich im Namen des Herrn einen anderen zum Wächter zu wählen. Nach dem Pfingstkapitel können die einzelnen Diener und Wächter, wenn sie es möchten und es ihnen förderlich scheint, im selben Jahr einmal ihre Brüder zu einem Kapitel auf ihren Warten zusammenrufen.

Kapitel IX
Das Predigen

Kein Bruder soll im Bistum eines Bischofs predigen, wenn dieser es ihm untersagt hat. Und kein Bruder soll es irgendwie wagen, dem Volk zu predigen, ohne dass der Allgemeine Diener unserer Bruderschaft ihn geprüft, anerkannt und ihm das Amt der Predigt zugestanden hat. Auch ermahne ich diesen Bruder nachdrücklich, dass *die Worte seiner Predigt geprüft und geläutert sein müssen*, zum Wohl und zur Erbauung des Volkes, indem er sie Laster und Tugenden lehre, Strafe und Herrlichkeit, und zwar mit kurzen Worten; denn *der Herr hat sein Wort auf der Erde kurz gemacht.*

Kapitel X
Ermahnung und Zurechtweisung der Brüder.

Brüder, die Diener und Knechte der anderen Brüder sind, sollen ihre Brüder besuchen und ermahnen und sie demütig und in Liebe zurechtweisen, ihnen aber nichts befehlen, was gegen ihre Seele und unsere Regel gerichtet wäre. Die Brüder aber, die ihnen untergeben sind, sollen bedenken, dass sie ihren eigenen Wünschen Gott zuliebe entsagt haben. Daher weise ich sie mit Nachdruck an, ihren Dienern in allem zu gehorchen, was sie dem Herrn gelobt haben und was sich nicht gegen ihre Seele und unsere Regel richtet.

Wann immer Brüder bemerken und erkennen, dass sie unsere Regel in geistlicher Hinsicht nicht einhalten können, müssen und können sie sich an ihre Diener wenden. Die Diener aber sollen sie in Liebe und wohlwollend aufnehmen und so vertraut mit ihnen umgehen, dass sie diesen gegenüber so reden und handeln können wie Herren gegenüber ihren Knechten. Denn so muss es sein: dass die Diener die Knechte aller Brüder sind.

Ich mahne aber eindringlich in Jesus Christus, unserem Herrn, dass die Brüder sich vor Hochmut, eitler Ruhmsucht, Neid, Habgier, Sorgen und Mühsal dieser Welt, Verleumdung und Gemurre hüten mögen. Und wer nicht lesen und schreiben kann, soll sich nicht mühen, lesen und schreiben zu lernen, sondern daran denken, dass er sich mehr als alles andere nach dem Geist des Herrn und seinem heiligen Wirken sehnen möge, stets reinen Herzens zu ihm bete, demütig und geduldig bei Verfolgung und Krankheit sei und auch jene liebe, die uns verfolgen und tadeln und anklagen, denn der Herr sagt: *Liebt eure Feinde und betet für die, die euch verfolgen* und anklagen. *Selig, die um der Gerechtigkeit willen verfolgt werden, denn ihnen gehört das Himmelreich. Wer aber bis zum Ende standhaft bleibt, der wird gerettet.*

Kapitel XI
Die Brüder sollen keine Nonnenklöster betreten

Ich weise alle Brüder nachdrücklich an, keinen verdächtigen Umgang oder Beratungen mit Frauen zu pflegen und keine Nonnenklöster zu betreten – ausgenommen die Brüder, denen es der apostolische Stuhl mit einer besonderen Erlaubnis zugestanden hat. Auch sollen sie nicht Paten von Männern oder Frauen werden, damit durch solch einen Vorgang keine Verärgerung unter den Brüdern oder über die Brüder aufkomme.

Kapitel XII
Brüder, die zu den Sarazenen und anderen Ungläubigen ziehen

Brüder, die durch göttliche Eingebung zu den Sarazenen und anderen Ungläubigen ziehen wollen, sollen dafür die Erlaubnis ihrer Landesdiener erbitten. Die Diener aber sollen es nur denjenigen unter ihnen gewähren, die sie als geeignet für diese Mission erachten.

Des Weiteren weise ich die Diener bei ihrem Gehorsam an, den Papst, unseren Herrn, um einen Kardinal der römischen Kirche zu bitten, der Lenker, Schützer und Aufseher unserer Bruderschaft sein soll, damit wir immer den Füßen der heiligen Kirche unterworfen und untertan sind und in festem katholischen Glauben die Armut und Demut und das heilige Evangelium unseres Herrn Jesus Christus befolgen, wie wir es fest gelobt haben.

TESTAMENTE

TESTAMENT

Der Herr gewährte mir, Bruder Franziskus, auf folgende Weise mit meiner Buße zu beginnen: Als ich ein Sünder war, stieß mir der Anblick von Aussätzigen bitter auf. Aber der Herr selbst führte mich zu ihnen hin und ich erbarmte mich ihrer. Und als ich sie verließ, hatte sich, was mir zuvor abstoßend erschienen war, in geistige und leibliche Wonne verwandelt. Und ich hielt eine Weile inne und ließ die Welt hinter mir.

Der Herr gab mir solches Vertrauen in die Kirchen, dass ich in aller Schlichtheit betete: Wir verehren dich, Herr Jesus Christus, und all deine Kirchen auf der ganzen Welt, und wir preisen dich, weil du die Menschen durch dein heiliges Kreuz erlöst hast.

Seither gab und gibt mir der Herr so großes Vertrauen zu den Priestern, die nach den Geboten der heiligen römischen Kirche leben, dass, wenn ich verfolgt werde, ich bei ihnen Zuflucht suchen will. Und wenn ich so große Weisheit besäße, wie Salomon sie hatte, und erbärmliche Priester antreffen sollte, die nach den Geboten der Welt leben, will ich dennoch nicht gegen ihren Willen in den Gemeinden predigen, in denen sie leben. Und ich will sie und alle anderen als meine Herren fürchten, lieben und ehren. Und ich will nicht auf ihre Sünde sehen, denn ich erkenne den Sohn Gottes in ihnen und sie sind meine Herren. Ich tue dies, weil ich den höchsten Sohn Gottes in dieser Welt nur in seinem heiligsten Leib und Blut leibhaftig sehen kann, und allein die Priester empfangen diese beiden und reichen sie den anderen dar. Es ist mein Wille, dass man diese heiligsten Mysterien über alles verehre, ihnen huldige und sie an den erhabensten Orten aufbewahre. Ich will, dass man die Schriftstücke mit den heiligsten Namen und Worten des Herrn an allen Orten aufliest, die ihnen nicht angemessen sind, ja ich bitte darum, sie aufzulesen und an einem ehrwürdigen Platz unterzubringen. Und alle Theologen und alle, die die heiligsten Worte Gottes überbringen, müssen wir schätzen und ehren, denn sie überbringen uns *Geist und Leben.*

Nachdem der Herr mir Brüder gegeben hatte, zeigte mir niemand, was ich tun sollte, sondern er, der Höchste, offenbarte mir, ein Leben gemäß dem heiligen Evangelium zu führen. Und dies ließ ich in wenigen, schlichten Worten niederschreiben, und der Papst, unser Herr, bestätigte es mir. Und wer kam, um dieses Leben anzunehmen, gab alles, was er nur hatte, den Armen und begnügte sich mit einem einzigen, innen wie außen geflickten Gewand, mit einem Gürtel und einer Hose. Und niemals wollten wir mehr als das besitzen.

Die Geistlichen unter uns hielten das Offizium wie alle übrigen Geistlichen, die Laien sprachen das Vaterunser; und wir verweilten sehr gern in den Kirchen. Wir waren ungebildet und allen untergeordnet. Ich selbst habe mit meinen Händen gearbeitet und will es weiterhin tun; und ich weise alle Brüder nachdrücklich an, dass sie Arbeiten nachgehen, die ihrer Sittsamkeit dienen. Wer das nicht kann, soll es lernen, aber nicht aus dem Verlangen heraus, für seine Arbeit Lohn zu erhalten, sondern um ein leuchtendes Beispiel zu sein und den Müßiggang zu vertreiben. Und wenn uns kein Lohn für die Arbeit gegeben wird, wollen wir zum Tisch des Herrn zurückkehren, indem wir von Haus zu

Haus gehen und um Almosen bitten. Der Herr hat mir diesen Gruß offenbart: »Der Herr schenke dir Frieden.«

Die Brüder können Kirchen, bescheidene Behausungen und alle Bauten, die man für sie errichtet, keinesfalls annehmen, sondern dürfen dort immer nur, wie es ihrer heiligen Armut gebührt und wie wir es in der Regel gelobt haben, als Gäste einkehren, *Ankömmlingen und Fremden gleich*. Ich weise sämtliche Brüder, wo auch immer sie sich aufhalten, bei ihrem Gehorsam nachdrücklich an, dass sie es nicht wagen sollen, bei der römischen Kurie Sendschreiben zu beantragen – weder persönlich noch durch einen Mittelsmann, weder für eine bestimmte Kirche noch für sonst irgendwelche Orte, weder um predigen zu dürfen noch um leiblicher Verfolgung zu entgehen. Vielmehr sollen sie von überall, wo man sie nicht aufnimmt, in andere Gegenden fliehen, um mit dem Segen Gottes Buße zu tun.

Und ich will dem Allgemeinen Diener dieser Bruderschaft oder demjenigen Hüter, den er mir nach seinem Ratschluss zuteilen sollte, streng gehorchen. Und ich will so in seinen Händen gefangen sein, dass ich nirgendwohin gehen oder irgendetwas unternehmen kann, das mir mein Gehorsam nach seinem Willen untersagt, denn er ist mein Herr.

Und wenngleich ich einfältig und schwach bin, will ich doch, dass immer ein Geistlicher das Offizium für mich abhält, wie es in unserer Regel steht. Und alle Brüder sollen gehalten sein, ihren Hütern in dieser Form zu gehorchen und der Regel entsprechend ihr Stundengebet abzuhalten.

Wo auch immer ein Bruder sein Stundengebet nicht gemäß der Regel vollzieht oder nach einem anderen Ritus abwandeln will oder wenn er sich als nicht katholisch erweist, sollen sämtliche Brüder überall bei ihrem Gehorsam verpflichtet sein, ihn dem Wächter vorzuführen, der ihrem Aufenthaltsort am nächsten ist. Und der Wächter soll bei seinem Gehorsam nachdrücklich gehalten sein, diesen Bruder Tag und Nacht streng zu bewachen, wie einen Gefangenen, so dass er ihm nicht entkommen kann, bis er ihn in die Hände seines Dieners überstellt hat. Und dieser Diener soll bei seinem Gehorsam nachdrücklich gehalten sein, diesen gleichsam Gefangenen von Brüdern Tag und Nacht bewachen und dem Herrn von Ostia vorführen zu lassen, dem Herrn, Schützer und Aufseher der ganzen Bruderschaft.

Und die Brüder sollen nicht sagen: »Das ist eine neue Regel!« Denn es ist eine Erinnerung, eine Ermahnung, ein Aufruf und mein Testament. Ich, der kleine Bruder Franziskus, richte dieses Schreiben an euch, meine gesegneten Brüder, damit wir die Regel, die wir Gott gelobt haben, auf die beste Weise katholisch befolgen.

Und der Allgemeine Diener und alle anderen Diener und Wächter sollen bei ihrem Gehorsam gehalten sein, diesen Worten weder etwas hinzuzufügen noch etwas von ihnen wegzunehmen.

Dieses Schreiben sollen alle Brüder immer bei sich haben, neben der Regel. Und auf allen Kapiteln, die sie abhalten, sollen sie, wenn sie die Regel lesen, auch diese Worte lesen. Und all meinen Brüdern, Geistlichen wie Laien, untersage ich bei ihrem Gehorsam streng, der Regel Kommentare hinzuzufügen – auch nicht mit einer Einleitung wie: »Das ist folgendermaßen zu verstehen.« Sondern so schlicht und rein, wie der Herr mich reden sowie unsere Regel und diese Worte niederschreiben ließ, so schlicht und frei von Deutung sollt ihr sie auffassen und in heiligem Wirken bis ans Ende einhalten.

Und wer immer dies befolgt, den erfülle im Himmel der Segen des höchsten Vaters und auf Erden der Segen seines geliebten Sohnes in Gemeinschaft mit dem heiligsten Geist Paraklet und allen himmlischen Mächten und Heiligen. Und ich, der kleine Bruder Franziskus, euer Knecht, bekräftige für euch, zu Hause und in aller Welt, diesen heiligsten Segen, so sehr ich es vermag.

FÜR BRUDER BERNHARD

Schreibe, so wie ich es dir sage: Der erste Bruder, den mir der Herr gegeben hat, war Bruder Bernhard. Und dieser hat als Erster seine Vervollkommnung nach dem heiligen Evangelium begonnen und vollendet, indem er all seinen Besitz an die Armen verteilte. Deswegen und wegen seiner vielen weiteren Vorzüge drängt es mich, ihn mehr als sonst einen Bruder unserer gesamten Gemeinschaft zu lieben. Daher wünsche und verordne ich, soweit ich es kann, dass wer auch immer Allgemeiner Diener sein wird, ihn lieben und ehren soll wie mich selbst, und auch die Landesdiener und die Brüder unserer ganzen Glaubensgemeinschaft sollen ihn so behandeln, als wäre ich es.

TESTAMENT VON SIENA

Schreibe, dass ich all meine Brüder segne, die unserer Gemeinschaft angehören und angehören werden, bis ans Ende der Welt. Da ich aus Entkräftung und aufgrund der Schmerzen, die meine Krankheit verursacht, nicht viel sprechen kann, eröffne ich meinen Brüdern meinen Willen kurz in diesen drei Worten: dass sie zum Zeichen ihres Andenkens an meinen Segen und meinen Bund einander immer lieben, dass sie unserer Herrin, der heiligen Armut, immer folgen und dass sie den Prälaten und allen Geistlichen der heiligen Mutter Kirche immer treu untergeben seien.

NACHWORT

DER HEILIGE FRANZISKUS

Franz von Assisi galt schon zu Lebzeiten als Heiliger. Die Frohe Botschaft von der Liebe Gottes und seiner Hingabe zu den Menschen im Leben und Sterben Jesu Christi hat er auf einzigartig charismatische Weise verkündet: nicht nur durch ergreifende Worte der Predigt, sondern auch durch ein Leben der Nachfolge Christi in Gebet, Armut und tätiger Nächstenliebe – Tag für Tag.

1181 oder 1182 wurde Franz von Assisi als Giovanni Battista Bernardone geboren. Sein Vater, ein wohlhabender Händler aus Assisi im mittelitalienischen Umbrien, unternahm zahlreiche Geschäftsreisen nach Frankreich und rief ihn in Anspielung darauf ausschließlich »Francesco«. Der »kleine Franzose« wuchs ins Geschäft seines Vaters hinein und führte als Jugendlicher das wohlhabende, teils verschwenderische Leben der zeitgenössischen Oberschicht.

Doch im Jahr 1206 nahm sein Leben die entscheidende Wende: Auf dem Weg nach Apulien, wo er sich im Heer des Papstes beim Kampf gegen die Staufer Ruhm erwerben wollte, fragte ihn ein Traumbild: »Wer kann dir Besseres geben? Der Herr oder der Knecht?« Franziskus antwortete: »Der Herr!« Und das Traumbild erwiderte: »Warum suchst du dann den Knecht und nicht den Herrn?« Franziskus erkannte den göttlichen Aufruf zur Umkehr und setzte ihn mit aller Entschlossenheit in die Tat um.

Unter heftigsten familiären und sozialen Schwierigkeiten – angefangen bei Spott bis hin zu schweren körperlichen Misshandlungen, durch die ihn vor allem sein Vater »zur Vernunft« bringen wollte – ließ er sein früheres Leben hinter sich und sagte sich in einem offiziellen Gerichtsverfahren vor Bischof Guido II. noch im selben Jahr von seinem Vater los.

Franziskus lebte nun zurückgezogen als mittelloser Büßer in der außerhalb Assisis gelegenen Kapelle von San Damiano, ließ sich von dem dortigen Priester im Evangelium unterweisen, pflegte die der Stadt verwiesenen Leprakranken und bettelte in armseliger Lumpenkleidung an den Haustüren seiner Heimatstadt um Essensreste.

Unter dem Eindruck des Missionsaufrufs im Matthäusevangelium, gelesen in der Messe vom 24. Februar 1208, ging er jedoch nicht mehr nur zum Betteln nach Assisi, sondern auch, um seinen Mitmenschen die Frohe Botschaft zu verkünden. Mittlerweile war die anfängliche allgemeine Verachtung für Franziskus angesichts seiner standhaften Askese und seiner ebenso demütigen wie fröhlichen Lebenshaltung in Respekt umgeschlagen. Seine tief empfundene, hingebungsvolle Liebe zu Gott und der Schöpfung eröffnet sich auch heute noch in den von ihm verfassten Liedern und Gebeten – das Bild, wie Franziskus sogar den Vögeln die Frohe Botschaft verkündet, gehört

darüber hinaus zu den bekanntesten Motiven unserer Kulturgeschichte.
Franziskus lebte die Botschaft der Nachfolge Christi, des Verzichts auf materielle Güter und der Hinwendung zur Liebe Gottes glaubwürdig vor. Und als Erster folgte ihm Bernhard von Quintavalle, »Bruder Bernhard«. Mehr und mehr Anhänger schlossen sich dem charismatischen Prediger an: Waren es zunächst zwölf, so bald schon hundert und nach gut zehn Jahren bereits mehrere tausend Brüder. Sie alle wirkten als wandernde Brüder ohne eigenen Besitz, nicht von Klostermauern umgeben, sondern inmitten der Gesellschaft – der erste Bettelorden war entstanden. 1210 schrieb Franziskus die Leitlinien dieser Gemeinschaft, die er als »fratres minores« (Minderbrüder) bezeichnete, unter dem Titel »Das Leben nach dem Evangelium Jesu Christi« nieder: Es ist die Urform der später weiterentwickelten Ordensregel.

Doch der Mann aus Assisi wollte das Evangelium nicht nur in seiner unmittelbaren Umgebung predigen, und so initiierte er 1219 auf dem Pfingstkapitel Missionen nach Deutschland, Frankreich, Spanien, Marokko und in viele andere Länder, während er selbst nach Ägypten ging, um den dortigen Sultan al-Kamil – und letztlich die Sarazenen insgesamt – zu bekehren. Trotz des tiefen Eindrucks, den er bei al-Kamil hinterließ, wurde ihm eine friedliche Mission dort jedoch verwehrt.

Mit der Rückkehr in seine Heimat stellten sich für Franziskus schwere gesundheitliche Probleme ein: Im Nahen Osten hatte er sich eine Augenkrankheit zugezogen, an der er fast erblindete, und ein chronisches Magenleiden ließ seine körperlichen Kräfte immer weiter schwinden. Angesichts des starken Zulaufs, den die Minderbrüder verzeichnen konnten, bedurften zudem organisatorische Schwierigkeiten und Fragen zur Ausgestaltung des Ordenslebens neuer Lösungen. Franziskus verfasste als Antwort darauf schließlich die 1223 von Papst Honorius III. bestätigte (»bullierte«) Ordensregel.

Schon zuvor hatte er ein neues Amt – mit dem bezeichnenden Titel »Allgemeiner Diener« – für die Leitung des gesamten Ordens eingeführt, außerdem fungierte auf seinen Wunsch hin nun ein Kardinal der römischen Kirche als Aufseher der Bruderschaft. Franziskus gab damit aufgrund seiner körperlichen Schwäche den organisatorischen Vorsitz des Ordens ab und gelobte Petrus Catanii als erstem gewählten Allgemeinen Diener seinen Gehorsam – wenngleich er selbst die geistliche Leitgestalt blieb. Die Aufsicht seitens der römischen Kirche übernahm Kardinalbischof Ugolin von Ostia (der im Testament erwähnte »Herr von Ostia«) und damit kein geringerer als der spätere Papst Gregor IX. (Pontifikat 1227–1241), der die franziskanische Bewegung schon lange Zeit wohlwollend begleitet hatte.

Gesundheitlich bereits schwer gezeichnet, setzte Franziskus alles daran, weiterhin sein Leben als bettelnder Wanderprediger zu führen. Doch das war ihm nur noch zum Teil vergönnt. So musste er etwa aufgrund seines Augenleidens über mehrere Monate das Tageslicht meiden – er verbrachte sie als Einsiedler in einer abgedunkelten Hütte. In dieser Zeit körperlicher Prüfungen verfasste der Mann aus Assisi den Sonnengesang, dessen liebende Wärme erkennen lässt, welch geringe Bedeutung er seinen leiblichen Qualen beimaß. Seine geistige Verinnerlichung erreichte dabei ein solches Maß, dass Franziskus der Erste gewesen ist, an dem die Stigmata belegt sind – die sich von allein bildenden Wundmale Christi an Händen, Füßen und Seite. Als er diese am Festtag der Kreuzerhöhung, dem 14. September 1224, empfing, schrieb er zum Dank das »Lob des höchsten Gottes«. Im Alter von 44 Jahren, am 3. Oktober 1226, verstarb Franziskus in Portiuncula bei Assisi, und als letzten Beleg, dass er das irdische Leben innerlich überwunden hatte, fügte er kurz vor seinem Hinscheiden noch dem »Sonnengesang« den Vers an Bruder Tod hinzu. Nicht einmal zwei Jahre später, am 16. Juli 1228, wurde Franziskus von Papst Gregor IX. heilig gesprochen.

ZUR ÜBERSETZUNG

Die in diesem Band abgedruckten Texte stammen direkt von Franziskus – der »Segen für Bruder Leo« und das »Lob des höchsten Gottes« sind sogar als Autographen, eigenhändige Schriftzeugnisse des Heiligen, erhalten. An dem bewusst schlichten Schreibstil des Originals orientiert sich auch die vorliegende Übersetzung. Die Bezeichnungen des Ordenslebens sind dabei so gewählt, dass sie die Besonderheiten der lateinischen Begrifflichkeiten widerspiegeln, auch wenn diese später als Lehnwörter übernommen wurden. So heißt der *minister generalis* hier »Allgemeiner Diener« (später »Generalminister«), der *minister provincialis* »Landesdiener« (»Provinzialminister«), der *minister* »Diener« (»Minister«), der *custos* »Wächter« (»Kustos«) und der *guardianus* »Hüter« (»Guardian«).

NACHWEIS DER BIBELZITATE

Die in Franziskus' Texten kursiv gesetzten Passagen beziehen sich (meist als wörtliche Zitate) auf folgende Bibelstellen:

11 Ps 77,15
Joh 17,11

15 Offb 14,7
Lk 1,28
Ps 118,24
Offb 5,12

16 Jak 2,10
1 Kor 2,6

17 Joh 19,11

18 [Das Vaterunser]
Mt 6,9 ff.
Lk 10,27

19 2 Kor 6.3
1 Thes 5,15

20 Offb 5,12
Dan 3,57
Offb 19,5
Offb 5,13

22 [Alle Verse sind Zitate]
V. 1–3 Ps 98,1 f.
V. 4 Ps 41,9
V. 5 Ps 118,24
V. 6 Ps 118,26f.
V. 7 Ps 96,11 f.
V. 8 Ps 96,7 f.

23 [Der ganze Text]
Ps 13,1–6

24 V. 1 Ps 81,2
V. 2 Ps 47,3
V. 4 Ps 89,27 f.
V. 6 Ps 118,24
V. 9 Ps 96,11 f.
V. 10 Ps 96,1

25 V. 1 Ps 96,7 f.

26 [Der Segensspruch]
Num 6,24–27

30 Joh 6,63
2 Kor 8,9
Mt 26,26–28

30/31 Mt 26,39

31 Lk 22,44
Mt 26,39.42
Mt 11,30
Ps 34,9
Joh 3,19
Ps 119,21
Mt 22,37–39
Joh 4,23

31/32 Mt 6,9

32 Lk 18,1
Joh 3,5
Lk 3,8
Mt 22,39
Jak 2,13

33 Mt 15,18 f.; Mk 7,23
Mt 5,44; Lk 6,27
Lk 22,26

34 Ps 22,7
1 Petr 2,13
Jes 11,2

34/35 Joh 17,11

35 Joh 17,6
Joh 17,8 f.
Joh 17,11. 17.19